LA FABULOSA HISTORIA DEL CÉLEBRE GOL A BRASIL EN ITALIA 1990

PABLO VIGNONE

Caniggia, decime qué se siente / Pablo Vignone - 1a edición
LIBROFUTBOL.com, 2022.

146 páginas; 15,2 x 22,9 cm.

ISBN 978-987-8943-61-9

1. Fútbol.
CDD 796.334092

Caniggia, decime qué se siente
de Pablo Vignone

Foto de portada: © Dom Slike Cubierta: Luciano Medvetkin	Foto del autor: © Pablo Vignone Foto de contratapa: © Ross Kinnaird
© 2022– Pablo Vignone © 2022– LIBROFUTBOL.com	Todos los derechos reservados

ISBN 978-987-8943-61-9	1ª edición: noviembre 2022

ediciones@librofutbol.com

+54 9 11 2215 1982

librofutbol

Av. Libertador 6898 - Núñez - Ciudad de Buenos Aires - Argentina

Brasil, decime qué se siente tener en casa a tu papá.

Te juro que, aunque pasen los años, nunca nos vamos a olvidar...

Que el Diego te gambeteó, que Cani te vacunó,

que estás llorando desde Italia hasta hoy.

A Messi lo vas a ver, la copa nos va a traer, Maradona es más grande que Pelé

El estribillo favorito de la hinchada de la selección argentina durante el Mundial de 2014, en Brasil

ÍNDICE

CAPÍTULO 1

NOS TIENEN DE HIJOS, PERO NO ES TAN CIERTO

La fabulosa tecnología de la que los aficionados disponen hoy permite ver acontecimientos asombrosos del presente y también del pasado. Una Copa del Mundo en directo, partido a partido, las previas, los posts, los festejos de los futbolistas en el vestuario, el mundo del fútbol está intrínsecamente mediatizado y a todo se puede acceder desde las redes sociales.

Las enormes ventajas de semejante acceso contrastan con uno o dos inconvenientes que no juegan para el equipo de la memoria. Gracias a una red social como Youtube podemos disfrutar partidos de hace 30, 40 o 50 años, golazos increíbles, jugadas formidables de futbolistas de antología. Un seguimiento detallado nos permite ver qué tanto aumentó el ritmo del juego, cómo era jugar con el pase al arquero, por ejemplo, e incluso descubrir situaciones herrumbradas en la memoria, olvidadas o llanamente desconocidas.

Pero el problema real de los abundantes archivos fílmicos es que esa "abundancia" nos hace creer que lo que existe a disposición de cualquier fanático curioso es lo que realmente existió. En una ocasión, en una clase de periodismo deportivo durante la primera década de este siglo, pasamos un video sobre el Real Madrid de las cinco Copas de Europa en la segunda mitad de los años cincuenta. Un alumno sorprendió con este comentario: "¿Y ese era el fenómeno Di Stéfano? Me pareció un jugador regular". El drama de sentenciar una campaña fabulosa de uno de los cinco más eximios futbolistas de todos los tiempos con base en un video de época de apenas una hora...

El problema de la memoria sesgada —porque no todo lo que ocurrió está disponible en Youtube y porque no todo lo que hay para ver se puede juzgar con un criterio actual sin tener en cuenta las connotaciones de la época— también surge a la hora de analizar la tremenda rivalidad futbolística entre la Argentina y Brasil. Porque si la investigación solo se remite a los partidos disponibles en las redes sociales, es sencillo concluir que el país más poblado de Sudamérica también posee el fútbol más poderoso y probablemente imbatible. De acuerdo a los partidos que pueden observarse —unos pocos íntegros, la mayoría compactos—, cualquier aficionado joven que se asome al estudio de la cuestión se sentirá en condiciones de descubrir cierta superioridad estadística en el ámbito de los enfrentamientos entre ambas camisetas, teniendo en cuenta tanto los partidos oficiales como los amistosos.

Y la primera sorpresa que se llevan los neófitos es encontrar un historial absolutamente equilibrado. Antes de iniciarse la Copa del Mundo Qatar 2022, el repaso indica lo siguiente:

Brasil: 42 triunfos

Argentina: 41 victorias

Empates: 25

Total: 108 partidos

Goles de Brasil: 155

Goles de Argentina: 154

¿Cómo? ¿Cómo se explica que, si Youtube nos muestra la victoria de Hannover en el Mundial de 1974, la del Sarriá (Barcelona) en la Copa del Mundo de 1982, el triunfo 4-1 en la final de la Copa Confederaciones de 2005 o el 3-0 de la final de la Copa América 2007, todas victorias incuestionablemente brasileñas, el historial esté tan parejo?

La rivalidad original de la selección argentina no era Brasil, sino Uruguay. Las razones eran múltiplemente lógicas: proximidad geográfica, un idioma común, un pasado de inmigración... Si se revisa el historial de la Argentina contra los celestes, se encuentra que ambos seleccionados se midieron casi en el doble de ocasiones (196 partidos) que argentinos y brasileños.

Pero en este caso, aunque la proporción parezca similar —comparando la población uruguaya contra la argentina y contrastándola con la relación entre la cantidad de habitantes de los dos países más grandes del continente—, la cuenta está mucho más desproporcionada:

Argentina: 90 victorias

Uruguay: 59 triunfos

Empates: 47

Sin embargo, y curiosamente, las victorias de Uruguay fueron enormemente trascendentes: 10 victorias en 12 finales del Sudamericano —antes de que empezara a llamarse Copa América—, más las finales del torneo Olímpico de 1928 y la de la Copa del Mundo de 1930. Como las estadísticas no revelan todo, hay que señalar el dato más importante: a finales de la década de 1960 se acabó la supremacía uruguaya y cambió el signo del historial.

Algo muy parecido ocurrió con la rivalidad entre Argentina y Brasil. El sesgo fue mutando en la época en que empezaban a grabarse en celuloide los partidos y, desde allí hasta entonces, el avance de la tecnología permitió registrar más y mejor los encuentros, que en general iban favoreciendo al fútbol brasileño.

Pero un estudio desapasionado de la rivalidad muestra que la Argentina fue muy superior a Brasil en las primeras décadas del enfrentamiento, en los tiempos en los que perdía más de lo que vencía a Uruguay, ocurría a la inversa con los seleccionados brasileños —que todavía no utilizaban la camiseta verde y amarilla, sino una blanca con vivos azules—.

Y eso ocurría porque el fútbol arrancó más tarde en Brasil que en la Argentina. Acaso por la relación semicolonial que unía a nuestro país con Inglaterra, el fútbol prendió aquí con vivacidad precoz respecto a lo que sucedía en territorio brasileño. Un dato (de tantos) para subrayar: mientras la primera asociación del fútbol en Buenos Aires fue la Argentine Association Football League, creada en 1891 para organizar el primer campeonato argentino, la creación de la Federación Brasileña de Deportes —luego denominada Confederación Brasileña de Fútbol, CBF— data de 1914.

Por esa razón, la lista de encuentros oficiales entre ambos seleccionados arranca en esa fecha, aunque hubo al menos otros 16 partidos disputados entre representantes de Argentina y Brasil antes de esa fecha: el primer choque tuvo lugar el 2 de julio de 1908, cuando ambos conjuntos igualaron en dos tantos en San Pablo. Los primos Eliseo Brown y Jorge Gibson Brown, jugadores del mítico Alumni, convirtieron los tantos albicelestes; los goles de Brasil los anotó Charles Miller, el inglés que introdujo el fútbol en Brasil. Tres días más tarde, en el mismo campo, Argentina goleó 6-0...

Lo interesante es que el repaso del historial oficial muestra un sesgo notable. Entre 1914 y 1946, ambos seleccionados se midieron en 30 ocasiones:

Argentina: 18 triunfos

Brasil: 8 triunfos

Empates: 4

Los albicelestes se habían quedado con el 60% de los partidos, incluidas sendas victorias en los Sudamericanos de 1917, 1920, 1921, 1923, 1925, 1937 —estas dos últimas, en la final del torneo—, 1942, 1945 y 1946.

Casi ningún registro fílmico, que no sea un noticiero de la época, puede rescatarse hoy en las redes sociales. La televisación de los partidos, sencillamente, era una quimera. La parte de la memoria que favorece a la selección albiceleste en el historial prácticamente no ha dejado huella tecnológica.

En *La pirámide invertida*, su famoso libro sobre la historia de la táctica en el fútbol mundial, Jonathan Wilson señala categóricamente que:

El fútbol en Brasil no está ni siquiera cerca de ser tan desarrollado en esa etapa como en el Río de La Plata. Sus primeros diez partidos internacionales —todos contra Argentina, Uruguay o Chile— solo consiguieron tres victorias (...). El suceso de 1919 estuvo lejos de ser el inicio de cualquier dominio continental. Brasil solo ganó seis de los 20 partidos que jugó contra la Argentina antes de 1940.

Ese triunfo de la Argentina sobre Brasil, logrado el 10 de febrero de 1946, en el estadio Monumental de Núñez —a unos pocos metros de donde estoy escribiendo este libro—, un 2-0 con dos tantos de Norberto *Tucho* Méndez, fue el último clásico en una década en disputarse.

Porque entonces se dio un proceso llamativo: dos semanas después del triunfo, la fórmula integrada por Juan Domingo Perón y Hortensio Quijano se imponía con el 53% de los votos sobre la dupla de la Unión Democrática, José Tamborini y Enrique Mosca, que reunieron el 43,65%. Y mientras durante la década que se extendió a 1955 el deporte argentino extendió sus bases y ganó terreno en el plano olímpico, el fútbol, en cambio, quedó reducido a su manifestación local —por cierto fabulosa—, pero no de escaso, sino de nulo relieve en el plano internacional. Según el antropólogo Eduardo Archetti, hubo "un intento hegemónico de construir la nación a partir del deporte, de transformar a este país en una potencia deportiva que se asocia con una identidad nacional".

Pero ese proyecto, de forma llamativa, dejó afuera al fútbol. La selección argentina jugó contados partidos amistosos en ese periodo —se recuerda en especial el encuentro contra los ingleses en el estadio de River en 1953 y el famoso gol "imposible" de Ernesto Grillo— y no asistió a los Mundiales de 1950 y 1954; pero en 1958, cuando finalmente dejó atrás una ausencia de 24 años en las Copa del Mundo, los tiempos ya habían cambiado decididamente.

Mientras la Argentina entraba en esa fase descripta de ostracismo internacional en el campo futbolístico, Brasil desarrollaba su juego con el concurso de entrenadores europeos, pero también de enormes futbolistas argentinos.

El más grande de todos ellos fue Antonio Sastre, el Cuila, que jugó en Brasil entre 1942 y 1946, luego de haber integrado el temible equipo de Independiente campeón en 1938 y 1939. "El mejor jugador que vi en mi vida. Era capaz de actuar en todos los puestos de un equipo. Pero no de relleno o emergencia. La rompía en cualquier lugar de la cancha". La frase pertenece a César Luis Menotti y la calidad del declarante sustenta la envergadura del personaje. Había jugado 34 partidos en el seleccionado entre 1933 y 1941, participó en varias victorias sobre Brasil y a San Pablo se fue a hacer docencia mientras jugaba.

Así lo pintó Julio César Pasquato, Juvenal, en las inmortales páginas de *El Gráfico*:

> Con su cabeza levantada, el mapa de la cancha grabado en su cerebro, su talento para ver donde otros no veían, su capacidad estratégica y su personalidad de conductor. Sin gritos, sin gestos, sin dar nunca la sensación de que mandaba y ordenaba a todos sus compañeros. En el medio de esos dos extremos "inventó" el fútbol moderno. El polifuncional. El hombre de toda la cancha y todas las funciones. El antepasado ilustre de Alfredo Di Stéfano y Johan Cruyff. El creador del fútbol total en la Argentina. No el único, porque en sus tiempos también jugaba Carlitos Peucelle, otro fabuloso hombre-orquesta, como se los llamaba en los años treinta. Cuila fue delantero, mediocampista, defensor y hasta jugó dos veces de arquero. Lo vi también de *half* derecho —el cuatro de hoy— en el Sudamericano de 1937.

Y cerraba Juvenal: "Hace alrededor de veinte años, Osvaldo Brandao me dijo: 'Los argentinos quieren copiar hoy cosas del fútbol brasileño. Se olvidan que un argentino vino a Brasil hace veinte años para enseñarnos fútbol a nosotros. Era Antonio Sastre...'".

Sastre fue a Brasil a enseñar fútbol. Diez años largos permanecieron sin jugar la Argentina y el Brasil debido, en parte, a la tensión política existente entre ambos países en la época en la que el peronismo se confrontaba, por el liderazgo continental, con el país hermano que presidía Getulio Vargas, mucho más inclinado a los intereses de la política regional estadounidense que el líder argentino.

Y el panorama se dio vuelta. Los dos rivales volvieron a enfrentarse recién en 1956, y aunque la Argentina venció categóricamente 3-0 a Brasil en el Sudamericano de Lima en 1957 para ganar el título, ese equipo se desmembró y la Argentina llevó al Mundial de Suecia a un equipo que no sabía qué tipo de rivales iba a enfrentar.

"Lo que se cerró fue la idea de que en esta franja de la humanidad habitaba el mejor fútbol del mundo. Una idea sostenida mediante grandes jugadores, grandes equipos y grandes selecciones, pero no corroborada en los Mundiales" sintetiza Guillermo Blanco en su libro *Deporte nacional, dos siglos de historia*.

En cambio, influenciado también por entrenadores europeos como Bela Guttmann o Dori Kuschner, Brasil ya jugaba un fútbol entretenido y competitivo a la vez —tras absorber la dura lección del Maracanazo— cuando perdieron la final de la Copa del Mundo ante los uruguayos. "El campeón mundial había sido Brasil, fiesta del fútbol ofensivo y libre", recuerda Blanco. Ese campeón consagró al futbolista más exquisito del torneo, un jovencito de 17 años llamado Edson Arantes do Nascimento, apodado Pelé... El 10 de julio de 1957, Pelé convirtió su primer gol en un arco argentino en un partido por la Copa Roca en el estadio Pacaembú, que los locales ganaron 2-0.

La Argentina entró en un proceso de desorientación futbolística tras la catastrófica eliminación en Suecia tras una humillante goleada 6-1 ante Checoslovaquia, mientras que los brasileños comenzaban su racha triunfal de Copas del Mundo, primero en Suecia ante los locales y luego en Chile frente a los checoslovacos, el Mundial en el que se consagró el famoso puntero derecho Manoel Francisco dos Santos, Garrincha.

Si en el periodo de 32 años transcurrido entre 1914 y 1946 la Argentina se quedó con el 60% de los triunfos, como ya se vio, el porcentaje se invirtió abruptamente en los 32 años siguientes: entre 1958 y 1990, el año que nos ocupará finalmente, se disputaron otros 41 partidos, con la siguiente distribución:

Argentina: 11 victorias

Brasil: 18 triunfos

Empates: 12.

La racha de los brasileños alcanzó el 44% —menos de la mitad de los encuentros disputados en ese período—, pero cierta jerarquía de esos triunfos (como las victorias en los Mundiales de 1974 y 1982, o los triunfos en las Copas América de 1979 y 1989) se sumaba a la cantidad de títulos mundiales que los brasileños iban añadiendo a las vitrinas de la CBF.

Es cierto que la Argentina obtuvo una victoria sensacional en la Copa de las Naciones de 1964 —victoria 3-0 con un gol de Ermindo Onega y dos del juvenil Roberto Telch— en el Pacaembú, pero en los 25 años subsiguientes, hasta el enfrentamiento por la Copa América de 1989 en el Maracaná, Brasil logró 12 victorias en los 23 partidos celebrados; la Argentina solo ganó dos encuentros: un amistoso en el Beira Río de Porto Alegre en marzo de 1970 —2-0 con tantos de Oscar Más y Marcos Conigliaro, tres meses antes de que ese equipo derrotado se volviera uno de los campeones mundiales más brillantes de todos los tiempos mientras la Argentina miraba el torneo por televisión— y otro más, por la Copa América de 1983, otra vez en el Monumental, con gol de Ricardo Gareca. Más claramente: en la era refundacional de la selección,

iniciada en 1974, el equipo argentino no pudo jamás vencer a Brasil mientras Menotti fue el entrenador.

Literalmente: nos tenían de hijos.

Parece increíble hoy, pero en los sesenta jugar en la selección atemorizaba. Causaba desprestigio. "Era una máquina de comerse futbolistas", me dijo una vez Roberto Perfumo, uno de los futbolistas más exquisitos de esos tiempos, el mismo que, poco después de aquella aislada victoria 2-0 en Porto Alegre, explicaba que

> Lo que pasa es que todavía no estamos liberados del miedo… y la discusión la seguimos y vamos a terminar en lo mismo, en que los malos técnicos nos hicieron así y todavía no nos hemos curado. No hay que exagerar, no hay que volver a engañarnos con un partido o con un resultado, pero hay gente en el plantel para intentar jugar de igual a igual un fútbol ofensivo, para jugar de igual a igual con cualquiera. Perdiendo o ganando, pero jugando sin miedo a perder.

Miedo. Con ese sentimiento inoculado en Suecia jugaba la selección argentina durante los sesenta, y especialmente contra Brasil. "Si en Porto Alegre nos animábamos un poco más, goleamos", opinaba el recordado José Omar Pastoriza, que integró ese equipo. "Ellos no querían más y nosotros teníamos siempre la pelota". Una ocasión verdaderamente excepcional para esos tiempos.

De tan impregnada y aceptada, la paternidad se había vuelto cultural. En la revista *Sport* de agosto de 1968 se publicaba una página con la siguiente pregunta como título: "¿Qué tiene Pelé?"

El interrogante se respondía así:

La 'manija' de Coco Rossi; el arranque de Di Stéfano; La estrategia de Pedernera; el freno de Loustau; el 'trampolín' de Erico; la cintura de Walter Gómez; el toque de Didí; la astucia de Sarlanga; el cabezazo de (José Manuel) Moreno; la simplicidad de Labruna; la 'gula' de Sanfilippo; la 'vergüenza' de Grillo.

El mensaje estaba claro: exceptuando al brasileño Didí y el paraguayo Erico, Pelé valía por diez argentinos... o acaso más, porque la nota cerraba así: "¿Y qué más? Un empeine en el pecho; 'usa' al contrario de pared; 'dribblea' con la cabeza; hace goles cuando quiere... como Pelé".

La admiración por el astro era absoluta. Estábamos muy lejos de creer, o siquiera pensar, que los argentinos también tendríamos a nuestro Pelé. A alguien superior, inclusive, según quien lo viera.

Diego Armando Maradona.

CAPÍTULO 2

CALVARIO DE LOS CAMPEONES

Carlos Salvador Bilardo vio vindicada su prédica con el título mundial logrado en México 1986. El sistema táctico 3-5-2 que había desarrollado durante el torneo, tras arrancar el certamen con una disposición más clásica —dos marcadores de punta, Néstor Clausen y Oscar Garré, y dos zagueros centrales, José Luis Brown y Oscar Ruggeri—, pasó por ser una gran innovación y Bilardo, que había sufrido excesivamente los tres años y medio de trabajo que llevó adelante entre su designación como sucesor de César Menotti a comienzos de 1983 y la conquista de la Copa del Mundo en junio de 1986, decidió que valía la pena continuar adelante para sostener los fundamentos del sistema que había puesto en práctica con éxito... y con Diego Maradona en el plantel.

Que aquel de México 1986 fue un Maradona superlativo no es preciso remarcarlo: una de las más grandes actuaciones de un futbolista en un torneo de esas características, comparable al Pelé de 1970 o al Johan Cruyff de 1974, por encima del Mario Kempes de 1978 o del Paolo Rossi de 1982.

La Argentina conquistaba su segunda Copa del Mundo en ocho años —una evidencia que genera nostalgia y melancolía— y el entrenador parecía haber derrotado categóricamente a sus críticos.

Es sumamente interesante comparar los procesos que vivieron los dos seleccionados argentinos campeones mundiales a consecuencia de su consagración. El campeón de 1978 se reforzó con muchos jugadores jóvenes que habían logrado el título mundial juvenil en Japón durante 1979 —el más destacado de todos ellos era Maradona, pero no podía ignorarse a Juan Barbas, Gabriel Calderón o Ramón Díaz, aunque Menotti soslayara a, por ejemplo, Juan Simón, que luego sería baluarte en el seleccionado de Bilardo— y produjo grandes actuaciones en 1980, incluida una derrota 3-1 ante Inglaterra en Wembley en un partido sensacional en el que Diego "ensayó" el gol que convertiría seis años más tarde en el estadio Azteca: ese día en suelo inglés remató al segundo palo en lugar de enganchar, una enseñanza que incorporó para resolver genialmente cuando volvió a contar con la oportunidad.

Pero el campeón llegó sin hambre suficiente a España 1982, en una situación conflictiva dado que había estallado la Guerra de las Malvinas, y los jugadores rindieron —salvo escasas excepciones, como el capitán Daniel Passarella— por debajo de su nivel. Maradona jugaba muy de punta para su comodidad, pero no se atrevía a rebelarse contra las indicaciones del entrenador.

El seleccionado jugó un enorme partido contra Hungría, en Alicante, goleándolo 4-1, un encuentro en el que Maradona anotó sus primeros dos goles en una Copa del Mundo. Pero poco más hizo, cayó sin atenuantes ante Italia y Brasil, Maradona acabó expulsado en su último partido tras una artera patada contra Batista que era pura impotencia. "Me equivoqué... yo quería pegarle a Falcao", afirmó en sorna en 2017. Los críticos de Menotti argumentarían con el tiempo que el entrenador no había sabido aprovechar a Maradona como Bilardo lo hizo en 1986, desdeñando el proceso de cuatro años de maduración que el astro vivió entre ambos Mundiales y que lo llevó a ser la absoluta estrella en su torneo consagratorio.

La innovación táctica que Bilardo instauró en pleno Mundial y que quiso sostener manteniéndose en el cargo no siempre dio sus frutos después del éxito del Azteca. En verdad, muy pocas veces brindó frutos.

Mirando hacia atrás —escribe Wilson en *La pirámide invertida*— el suceso argentino parece casi monstruoso y mientras las burlas sobre que aquel era un equipo de un solo hombre era injustas, los peligros de ser tan dependientes de Maradona se vieron cuando la selección argentina ganó solo seis de los 31 partidos que jugaron entre el final de una Copa del Mundo y el arranque de la siguiente. Siguieron, de alguna manera, para alcanzar la final. Bilardo no ganó muchos partidos como seleccionador, pero tuvo el hábito de ganar los que importaban. De todas maneras, sus ideas se volvieron axiomas y, para Italia 1990, tres en el fondo era una disposición común.

Que la mayoría de los colegas de Bilardo copiaran esa idea podía representar un verdadero orgullo para el entrenador, pero no cambiaba en nada lo que estaba ocurriendo. Seis triunfos en 31 partidos era muy poco para el prestigio de un campeón como la Argentina. Y si Wilson asegura que son injustas las críticas sobre la condición dependiente de Maradona de aquel equipo, después del Mundial ese perfil se acentuó, como parece indicar una simple estadística.

Con Maradona como titular, la selección argentina jugó 19 partidos entre el final de México 1986 y el arranque de Italia 1990: ganó 5 (26%), igualó 7 (37%) y perdió 7 (37%).

Sin Maradona en el campo, en el mismo período, la Argentina jugó 11 partidos: ganó 1 (9%), empató 5 (45,5%) y perdió 5 (45,5%).

¿Era esa selección Maradona-dependiente? En todo caso, el que dependía de la selección era el propio Maradona: en los tumultuosos años del Napoli, el astro hacía lo imposible por calzarse la casaca del seleccionado, aunque tuviera que sufrir innumerables horas de vuelo —con pasajes que muchas veces se pagaba de su bolsillo— para poder integrar el equipo que tanto amaba.

"A mí me daba bronca cuando se decía que el Mundial se había ganado por mí, cuando todo el grupo había trabajado como loco, adentro y afuera de la cancha"

"Me dolía que, como equipo y ante todos, ante los periodistas y la gente, tuviéramos que empezar todo de nuevo", confió con el tiempo Maradona en su *Yo soy el Diego*.

Pero ese enorme Maradona del Napoli, que consagró campeón al equipo celeste en 1987 y 1990, justo antes del Mundial, seguía madurando sin que el fútbol institucional pusiera fin a la violencia que sufría constantemente dentro del campo y que se cobraría su precio en la Copa del Mundo.

Parece mentira cuando hoy el seleccionado es el activo más importante de la Asociación del Fútbol Argentino, que lo hace jugar por todo el mundo con un caché exorbitante que se incrementa con la participación de Lionel Messi, pero aquella selección campeona estuvo ¡un año! Sin jugar un solo partido.

Tras consagrarse el 29 de junio de 1986 en el Estadio Azteca, volvió a actuar el 10 de junio de 1987, en un amistoso contra Italia en Zúrich, la ciudad sede de la FIFA. "Perdimos 3-1, nada más que eso, pero volvieron las críticas, las dudas, todo calcado, calcado", recuerda Diego en su autobiografía. "Los periodistas nos pegaron sin piedad: volvían los fantasmas, éramos otra vez los que no le podíamos ganar a nadie. Nadie aceptaba que estábamos empezando de nuevo, con chicos debutantes. Yo mismo quería y no podía".

Sin embargo, pese al dolor de Maradona por el tratamiento, aquel día en Zúrich ocurrió un acontecimiento muy especial, decisivo en esta historia:

> Lo único positivo de aquel partido fue que lo conocí al Cani, a Claudio Paul Caniggia. Mi hermano el Turco (Hugo Hernán) había compartido algunos entrenamientos con él, así que apenas lo vi, le dije: "Yo a vos te conozco bien, nos vamos a entender'. Pero Bilardo lo hizo entrar por (el volante central Darío) Siviski faltando cinco minutos. Ya me veía venir que empezaba otra pelea por ese tema. Cani es, para mí, como... como un amigo del alma

Reconocía Diego en 2000, diez años después del Mundial 1990. Esa noche, curiosamente, Sergio Goycochea debutó como arquero titular del seleccionado.

La Copa América de 1987, el primer gran torneo que afrontaba el campeón del mundo en condición de local, representó la primera frustración de esa segunda etapa. Maradona estaba afectado de una tendinitis en los aductores y fue objeto de una verdadera cacería de tobillos en el debut contra Perú, que acabó en un empate 1-1. Pero Bilardo no incluía a Claudio Caniggia entre los titulares.

En el segundo partido, contra Ecuador en un Monumental semivacío, el entrenador se decidió a incluir al hábil puntero en el complemento. "Un gol de él, dos míos y los liquidamos", señala Diego. Esa fue la única victoria del campeón mundial en su propia casa, en el torneo más importante que podía jugar exceptuando el Mundial.

Con fiebre y bronquitis, Maradona salió a jugar la semifinal contra Uruguay, pero en estado tan calamitoso no pudo impedir que el equipo de Enzo Francescoli fuera superior, se quedara con el partido y accediera a la final. Colombia —a la que Argentina había dejado afuera del Mundial 1986— remató la faena ganando 2-1 el encuentro por el tercer puesto. "Una sensación de frustración, de fracaso" invadió al capitán argentino.

1987 se cerró con una fantástica victoria sobre los subcampeones mundiales, Alemania Federal, en el estadio de Vélez, en Liniers, con un gol de Jorge Burruchaga. "Volvimos a sentirnos campeones; eso sí: Bilardo nos rompió tanto las pelotas que me asustó. Estaba, no sé, como pasado de vueltas, obsesionado, metiéndome presión como loco, cargando mucho sobre mí": para un equipo que presumía de no ser Maradona-dependiente, el entrenador le reclamaba mucho más que protagonismo.

Pero en 1988 el equipo se derrumbó: derrotas ante la Unión Soviética y Alemania en Berlín, y una catastrófica goleada 4-1 en contra ante Australia en Melbourne, sin Maradona... Ese año solo venció a Arabia Saudita en Canberra y a Japón en Tokio. Muy poco para el campeón en ejercicio.

De esos 30 partidos que la selección jugó en el periodo 1986-1990 entre Mundiales, tres fueron contra Brasil, ya vuelto el clásico rival sudamericano por imperio de los resultados. Como se vio, la Argentina no vencía al seleccionado más fuerte de Sudamérica desde 1983.

En Melbourne, durante julio, antes de la goleada de los australianos, fue 0-0; en agosto, en Los Ángeles, fue 1-1, pero los brasileños ganaron 5-2 la definición por penales del amistoso. Y un año más tarde, en Río de Janeiro, por la fase final de la Copa América, "la realidad nos pegó bien duro —en palabras de Diego—. Nos bailó Brasil, aunque si se metía el pelotazo que les mandé desde la mitad de la cancha y rebotó en el travesaño, la historia pudo haber cambiado".

Maradona estaba convencido de que en esa Copa América que ganó Brasil y que la selección solo pudo acabar en la tercera posición sin marcar un solo gol en el cuadrangular final —"poca cosa para un campeón del mundo", lo sintetizó— iba a definir el equipo que jugaría el Mundial de 1990. "Bilardo me hablaba de (José) Basualdo, de los pibes que pintaban, y yo confiaba en Caniggia, que ya se había recuperado de la fractura sufrida en Verona y que yo mismo había pronosticado, lamentablemente. Era un pibe y lo maltrataban, adentro y afuera de la cancha". Pero eso no ocurrió.

En el plantel que Bilardo llevó a la Copa América se contaban 10 jugadores campeones en México (Pumpido, Brown, Clausen, Cuciuffo, Ruggeri, Batista Burruchaga, Enrique, Giusti, Maradona) y otros 11 que no (Luis Islas, Julio Falcioni, Pedro Monzón, Roberto Sensini, José Basualdo, Hernán Díaz, Pedro Troglio, Carlos Alfaro Moreno, Gabriel Calderón, Claudio Caniggia y Néstor Gorosito). Necesariamente el plantel se renovaba, acaso no con la calidad de futbolistas con la que se había reforzado el campeón de 1978 aunque, a juzgar por los resultados de la experiencia anterior, eso tampoco era indicativo de una mejora en calidad.

Un año más tarde, la lista definitiva para el Mundial solo contaba con 12 de los jugadores que habían disputado la Copa América. El pronóstico de Diego no se había cumplido. Y con solo tres delanteros en la lista; Maradona tuvo que hacer pesar su influencia para conseguir que Bilardo no marginara a Caniggia del plantel.

Según el astro, Bilardo se apersonó un día en su casa de Posillipo, en las afueras de Nápoles, para avisarle que no convocaría al rubio delantero al Mundial porque su estado físico no era el ideal. Entonces amenazó con renunciar al seleccionado si su compañero era marginado.

Bilardo explicaba una y otra vez el sistema de entrenamiento al que se veía obligado a recurrir a causa de que la mayoría de los jugadores con los que quería contar en el equipo actuaban en Europa. Lo sintetizó en una entrevista que dio a la revista *Gente* a poco de volver de Italia:

> Yo iba a Nantes a ver a Burruchaga, y le decía: "Burruchaga, vos pateá aquí. Aquí pateá. Practicá. Pegale acá". Y cuando me voy le dejo un plan. Después me voy a Madrid, y le digo a Ruggeri: "Vos saltá acá, que la pelota va a venir acá. ¿Por qué? Porque Burruchaga está en Nantes practicando tiro libre para que vos cabecees". Así hice con todo el equipo. Después voy a Italia y le digo a Caniggia: "Caniggia, vos picá acá, porque acá va a estar Fulano que te la va a tirar. Y por este otro lado va a entrar Fulano". Después voy a otro lado y digo: "Mirá, Caniggia, Balbo o Dezotti van a estar por acá. Hay que tirársela por este lado'. Y así fui armando todo".

Jorge Valdano, que había dejado prematuramente el fútbol a causa de una hepatitis en 1987, intentó regresar para jugar el Mundial, sumándose en enero de 1990, pero Bilardo le cortó la ilusión la noche del 21 de mayo, antes del viaje a Tel Aviv para jugar un amistoso con Israel.

El delantero, que luego asociaría aquel desagradable momento con "cruzar a nado el océano para ahogarse en la orilla", diría mucho después: "Con Bilardo no hubo mucho más que hablar. Hice las valijas y al día siguiente me fui. Nunca más volví a hablar con él"

Por otro lado, Ramón Díaz, que había jugado el Mundial 1982 y descollaba en ese momento en el Mónaco, al punto que le marcó dos goles al seleccionado argentino en un amistoso jugado en enero de 1990, tampoco fue tenido en cuenta por Bilardo, aunque, sin duda, su potencia y destreza eran superiores a las de Gustavo Dezotti o Abel Balbo, dos de los tres delanteros que viajaron a la Copa del Mundo. Inclusive, Bilardo resistió presiones del entonces presidente de la Nación, Carlos Menem, para incluirlo en la convocatoria.

En el libro *Deporte nacional, dos siglos de historia*, ya citado, se cuenta la siguiente anécdota:

> Hasta el presidente de la Nación, coterráneo del Pelado y por ende con una remarcada influencia regional, llegó a referirse al tema con el entrenador Carlos Bilardo a su lado, en la sala A de la Quinta Presidencial de Olivos. "No anda bien Ramón con Diego. Inclusive mi hijo ha conversado telefónicamente con Diego y él le ha dicho a Carlitos: 'Decile a tu papá que no insista con Ramón porque la cosa no funciona'. Mi hijo se reía y le decía: 'Diego, está la Argentina de por medio'. Como si fuera poco, Zulemita, la hija del primer mandatario, presente en la reunión de Olivos, también 'apuró' a Bilardo con un 'Carlos, llámelo a Ramón'.

"Nunca me opuse a que Ramón se sumara al seleccionado", asegura Diego en su autobiografía. "El que nunca se lo planteó fue Bilardo (...) Lo cierto es que cuando definió la lista, el Pelado no hacía un gol ni en un arco de 20 metros". En la temporada 1989/1990, Díaz anotó 18 goles...

No era un tema menor: entre el 8 de julio de 1989, cuando la selección derrotó 1-0 a Uruguay en la Copa América con un tanto de Caniggia, y el 28 de marzo de 1990, cuando perdió 1-0 con Escocia en Glasgow, el equipo se mantuvo 741 minutos sin convertir un solo tanto.

Doce horas y 35 minutos sin convertir un solo gol. Más de medio día sin marcarle al arco iris.

Pero ni Díaz ni Valdano fueron de la partida. Y aún con Caniggia en el plantel, el drama de la escasez de goles sería un factor de peso en el Mundial.

El 29 de mayo, Bilardo dio la lista definitiva:

Arqueros: Nery Pumpido, Sergio Goycochea, Fabián Cancelarich.

Defensores: Edgardo Bauza, Néstor Fabbri, Néstor Lorenzo, Pedro Monzón, Roberto Sensini, José Serrizuela, Oscar Ruggeri, Juan Simón.

Volantes: Sergio Batista, José Basualdo, Gabriel Calderón, Jorge Burruchaga, Diego Maradona, Ricardo Giusti, Julio Olarticoechea, Pedro Troglio.

Delanteros: Abel Balbo, Claudio Caniggia, Gustavo Dezotti.

Solo siete de los campeones de México 1986 integraban la comitiva. Sobre el final se habían quedado afuera Valdano, José Luis Brown y Héctor Enrique, a quienes Bilardo no vio físicamente aptos para incluirlos.

Quien sí estaba muy recuperado desde lo físico, luego de un pésimo segundo semestre de 1989, era Diego Maradona. Una dieta especial con el especialista francés Henri Chenot, experto en desintoxicaciones y un nuevo régimen físico impuesto por el profesor Antonio Dal Monte, como en 1986, en Roma, le permitieron recuperar la puesta a punto que un físico privilegiado como el de Diego podía adquirir con cierta facilidad y sistematización.

Pero, en definitiva, más allá de los resultados adversos, en cierta forma, el romance popular se había diluido. No había identificación instantánea con la mística del seleccionado y el proceso era problemático. El equipo argentino no jugaba bien y generaba escepticismo y preocupación. Salvo para los muy fanáticos, el enamoramiento de 1986 había quedado atrás.Sin embargo, lo peor estaba por venir.

CAPÍTULO 3

EL SUBSUELO DEL FRACASO

"Con Maradona aislado y con pelotazos aéreos rifados. No podemos seguir"

Más allá de las desgracias de lesiones que persiguen al plantel, hay cuestiones de juego que debemos corregir con urgencia. Diego solo, rodeado de rivales, SUFRIENDO una marca a patadas y con la pelota llegando sucia y en posiciones de cancha incómodas, NO PUEDE SER SOLUCIÓN por más que se juegue hasta el alma por "su" y "nuestra" selección. Olvidarse de Maradona y revolear la pelota hacia arriba a suerte y verdad, como si fuéramos ingleses, tampoco sirve, más allá de algún cabezazo aislado. Intentemos jugar, ganar o perder, pero no nos olvidemos que la pelota es el elemento que hizo del fútbol un deporte colectivo y de su dominio, un arte. Aunque perdamos, circulemos el balón, pongámonos todos en movimiento y busquemos los espacios como siempre fue la base de nuestro juego. La lentitud de hoy, dividir el juego a pelotazos y retroceder en vez de presionar, son un "4 de copas" en la mano, para esta final que tenemos el domingo.

El suelto publicado por el semanario *Solofútbol*, mucho más cerca del seleccionado en términos de respaldo que la mayoría de los medios de entonces, refleja de manera transparente lo que pensaban hasta quienes menos se animaban a criticar al equipo nacional.

Que la selección era un desastre.

En la fase de grupos del Mundial había ganado un solo partido de tres, convertido apenas tres tantos, y solo se había clasificado a la segunda fase como uno de los mejores terceros. Por la ventana. Y estaba sometida al rigor del futuro rival, que debía de ser un ganador de grupo.

Después de la sorpresiva derrota con Camerún en el debut mundialista y la milagrosa victoria sobre la unión Soviética, el pobre empate ante Rumania promovió ópticas como la citada con tonalidades de todo tipo. Esa visión ni siquiera pudo ser coloreada con el paso de los años.

Al cumplirse tres décadas de aquel Mundial, el analista y entrenador Christian Leblebidjian se tomó la tarea de desmenuzar la actuación argentina en Italia 1990 con la perspectiva de los años. Y escribió párrafos como los siguientes en el diario *La Nación*:

> Toda la sorpresa que había generado Carlos Bilardo en México 86 se transformó en previsibilidad en Italia 90. De un Mundial a otro, el DT trató de mantener cierta fisonomía del equipo que había levantado la Copa del Mundo, pero al repertorio táctico le faltaron variantes, el plantel estuvo superpoblado de futbolistas con características defensivas y los pocos ofensivos que participaron de la creación no tuvieron capacidad para generar sociedades. El gol de Caniggia a Brasil fue un buen resumen de lo que (ofensivamente) fue esa selección: porque de la mitad de la cancha

en adelante no hubo combinaciones salvo las que podían generarse entre Maradona y Caniggia.

Ese punto es importante en la revisión histórica de aquella campaña: hasta último momento el entrenador Bilardo fue remiso a considerar la importancia de la dupla. Ya se vio cómo Maradona debió actuar para que su compañero fuera convocado y, aun así, Caniggia fue al banco en el partido debut.

Cuando se metió Caniggia en el equipo, no salió más salvo cuando no pudo jugar, por suspensión, en la final ante Alemania. Los piques con cambio de ritmo y aceleración eran una invitación para los pases con zurda de Maradona para buscar 'atacar el espacio'. Era, en definitiva, un revulsivo que compensaba la pesadez general de un equipo que por afuera no tenía carrileros que hicieran la diferencia con su despliegue, velocidad o recorrido.

El analista considera inclusive que, lejos de aquel 3-5-2 revolucionario de México 1986, contra Camerún, la Argentina salió a jugar con un sistema 3-4-2-1 que, en la práctica, fue un timorato 3-7-0 porque Abel Balbo, el único delantero titular de esa formación, se la pasó corriendo volantes rivales en el mediocampo.

Fue un equipo predecible y con poco gol, esa fue una de las razones por las que le costó desequilibrar, además, apuntando que Maradona fue de mayor a menor. Primero lo frenaron las faltas —Camerún le cometió 12 solo a él—, después la marca escalonada de los demás equipos y —sobre todo— porque el N.° 10 quedó limitado por sus problemas físicos.

Lo que parecía un equipo con demasiado pan y poco relleno acabó revelándose como un sándwich indigesto. No había alternativas suficientes más allá de la línea de

mitad del campo, y eso lo pagó la Argentina en términos de eficacia goleadora, lo que acabaría por resaltar —si cabía— la calidad y la importancia del gol de Caniggia contra Brasil.

Más del análisis:

> El propio Burruchaga no fue el mismo que hacía cuatro años, aunque en la estructura de Bilardo (y pese a convertir un solo gol) fue el jugador con mayor "realismo ofensivo", el que más pateó al arco, el que más pisó el área rival, el que era capaz de desdoblarse para atacar el espacio y llegar por sorpresa. Pero, sin sociedades, no hubo situaciones de gol claras para la Argentina en casi todo el campeonato.

¿Acaso Valdano y Díaz, excluidos de la lista, habrían resuelto los problemas del ataque? Es discutible, porque la intención del entrenador no parecía llenar el frente del equipo con atacantes netos. Casi 20 años después del Mundial, en 2007, Maradona recordó en una entrevista con *El Gráfico* que Bilardo había sido extremadamente remiso a convocar a Caniggia: "Bilardo, en 1990, no llevaba a Caniggia. Yo lo paré y le dije: 'Entonces borrá a dos'. El Narigón no entendía. '¿Cómo?' (Diego hace el gesto de ajustarse la corbata). 'Borrá a dos: Maradona y Caniggia', le pedí. 'Ah, no, no, pará, pará".

El rubio delantero era el único futbolista capaz de cambiar el ritmo del equipo argentino, un conjunto que, para el analista citado, encontraba su principal déficit en

> ...la falta de velocidad para atacar (lentos no solo para generar explosiones y cambios de ritmo en los uno contra uno, sino también para moverse y ser alternativa de descarga de los poseedores del balón) y para generar coberturas y así evitar contraataques rivales. La selección avanzaba lento y retrocedía a

menor velocidad de lo que la atacaban, por más que la actitud de los jugadores fue muy buena para cumplir con esa responsabilidad.

Como conclusión, Leblebidjian opina que "la selección de 1990 se quedó en el tiempo: el fútbol ya tenía otro ritmo, exigía otra velocidad y la Argentina se presentó lenta, sin rebeldía ni sociedades ofensivas capaces de despabilarla".

Las herramientas actuales de análisis corroboran lo que los enviados observaban acaso con medios más precarios, pero con ojos entrenados para distinguir lo que verdaderamente estaba ocurriendo.

Que la selección era un espanto.Nada bueno estaba sucediendo cuando, además, ocurrió lo peor: A Maradona le arrancaron la uña del dedo gordo del pie izquierdo, de manera violenta, pero sin intención, en un partido de práctica contra los juveniles de la Roma, a una semana del debut. El dolor era tan grande que Diego temió perderse el Mundial. La solución la aportó el médico personal del astro, Antonio Dal Monte. "A Diego le hicimos una protección sobre la uña para permitir que juegue sin dolores la primera fase. La supuesta uña es de fibra de carbono, no pesando más que un gramo. Es como si fuera su propia uña", contaba el especialista.

Pero esa uña perdida le quitó el sueño a medio país futbolero. Uno de los integrantes del equipo *sparring* del seleccionado, que intentaba exigir a los integrantes del seleccionado en las prácticas de Trigoria —la ciudad deportiva de la Roma en la que el equipo nacional se había afincado—, era Hermes Desio, que al poco tiempo debutaría en la Primera de Independiente y cuenta la siguiente anécdota:

Edgardo Sbrissa era el entrenador de ese selectivo. ¡Y me tocó marcar a Maradona! Diego tenía el dedo gordo hinchado, el asistente Galíndez le cortaba el botín para que el dedo quedara al aire y yo tenía ¡terror! de pisarlo. Así que en una jugada lo dejé irse. Bilardo paró el entrenamiento y me retó: 'Nene, si vas a jugar así, no me sirve, necesito que lo presionen'. Quedé mortificado. Diego vino al instante: 'Tranquilo, no pasa nada, vos meté que yo necesito eso'. En un acto de valentía infinita me animé a hablarle: 'Diego, si yo te llego a pisar ese dedo y vos no seguís jugando, ¡no puedo volver a la Argentina!'. Me tranquilizó de esta forma: '¿viste el color del dedo? Ya está, no siento más nada...'

Esa primera ronda resultó fatídica y sus entretelones ya son suficientemente conocidos. Pero para captar al menos una parte de la dimensión explosivamente sorpresiva que adquirió esa fase, vale la pena repasar lo que decía antes del Mundial Enrique Omar Sívori, que había clasificado a la selección argentina para el Mundial de 1974 y que a su criterio "nos tocó la zona más difícil de todas. Los rumanos juegan bien al fútbol; los soviéticos son difíciles en la primera parte del campeonato, históricamente son así. Con respecto a Camerún, considero que la Argentina no puede tener problemas en superarlo".

Ya sabemos que los tuvo. Y en exceso. En el banco de suplentes argentino, aquel 8 de junio de 1990, languidecían Sergio Goycochea y Claudio Caniggia. Lo del arquero era lógico: Nery Pumpido, el campeón mundial de 1986, seguía despertando la confianza de Bilardo... aunque no iba a pagarle apropiadamente. Lo de Caniggia parecía responder más a una decisión personal del entrenador; el presunto castigo por haberlo encontrado una noche junto a Pedro Troglio rompiendo el toque de queda, con un videojuego y presumiblemente fumando, fue que el delantero quedara confinado a la suplencia. Troglio ni siquiera integró el banco.

Caniggia explicó el sentimiento de furia que le provocó esa marginación en el libro *El último Mundial* de Cune Molinero y Alejandro Turner y no parece estar muy convencido de que aquella falta pueril hubiera sido la verdadera razón de la ausencia en el equipo titular:

> No sé por qué Bilardo me marginó de ese partido. Obviamente no puede haber sido por haber jugado Nintendo, eso fue verdad, eso pasó. Yo nunca pensé que había sido por eso, pero tratándose de Bilardo todo es posible porque el que tenía que jugar era yo y lo demostré enseguida.

En los 45 minutos del complemento en los que actuó, Caniggia recibió una decena de faltas, en general alevosas, y provocó la expulsión de dos rivales: Kana Biyik y Emmanuel Massing. Pero el gol de Omam Biyik a los 66 minutos generó una desagradable sorpresa. Así lo recordó en 2020 en su cuenta de Instagram el propio Goycochea:

> Bilardo caminaba de una punta a la otra. Todavía tenía de cábala los mismos zapatos que en el Mundial de 1986. Empezó a agarrarse la cabeza y decía "uy, perdimos este partido, uy, Pumpido, cómo se te escapó esa pelota". Y en toda esa locura, en un momento se me para a mí así adelante frente a frente, me mira y me dice: "Goyco, decime la verdad. ¿Se lo comió Pumpido o no se lo comió al gol?".

Tras la derrota, *El Gráfico* calificó a Caniggia con un 7, lo evaluó como la figura del equipo nacional y aprovechó la ocasión para criticar al entrenador:

> Jugó todo el segundo tiempo. Fue lo mejor del cuadro nacional. Arriesgó siempre, no le escapó a la responsabilidad de jugarse en el ataque, fue el permanente receptor de

las acciones más rudas de Camerún, hizo expulsar a dos adversarios que le cruzaron con una violencia tremenda y no se borró nunca de la exigencia que le imponía el encuentro. Lo lamentable fue que su presencia en el equipo llegó cuando Argentina había perdido prestancia y Camerún se había agrandado hasta hacer peligrar nuestra chance. Cuando su coraje de atacante que no le tiene miedo al golpe provocó la primera expulsión y se nos aclaraba el panorama, la defensa se dejó hacer un gol de esos que no se explican y todo se fue al diablo. Una vez más. Su actuación desnudó un error de Bilardo. Debe ser titular.

Ni siquiera después de la Copa del Mundo, Bilardo admitió que había sido un error no incluirlo en el equipo titular:

—¿Usted reconoce que se equivocó con Caniggia, que en el primer partido contra Camerún lo puso después? —se le preguntó en una entrevista en la revista *Gente*.

—No. Yo puedo también decir: en el primer tiempo íbamos 0 a 0. Si hubiera dejado el mismo equipo, quizás terminábamos 0 a 0. En fútbol hay que ir midiendo las cositas sobre la marcha. Caniggia a lo último se acomodó bien, fenómeno…

Pero no terminó 0 a 0. Aún con dos hombres más, la Argentina no logró siquiera el empate y todos los planes originales quedaron hechos trizas. "Fallamos mucho en la definición —se responsabilizó Diego—, pero también Camerún pegó mucho". Al astro le habían cometido en promedio una infracción cada cinco minutos. La posibilidad de la clasificación como uno de los mejores terceros podía aliviar la situación, pero la derrota —a la que asistió el presidente Carlos Menem— se vivió como una catástrofe en los medios argentinos ("Derrota sin excusas", "Fuimos un desastre", "El subsuelo del fracaso") y como una tragedia entre los fanáticos. Fue tras esa caída ("la peor de mi vida", la calificó) que Bilardo pronunció una frase que se haría célebre: "Si no clasificamos, prefiero que el avión se venga abajo antes de llegar a Buenos Aires".

La representación de la Unión Soviética nunca contaba con el favoritismo de una FIFA conservadora y anticomunista. Ya habían perjudicado notablemente al conjunto de la URSS durante el Mundial anterior, en México 1986, durante el partido de cuartos de final, en el que Bélgica venció 4-3 con dos goles en clara posición adelantada.

Sucedería algo similar cuatro años más tarde, contra la Argentina, en el estadio San Paolo de Napoli. Otra derrota habría dejado a la selección definitivamente afuera de la Copa del Mundo. Ya le había ocurrido nada menos que a Brasil, campeón en 1962, eliminado en primera fase en Inglaterra 1966. Pero aquellos eran tiempos en los que la trascendencia de la Copa del Mundo era infinitamente menor.

Bilardo hizo cinco cambios para ese encuentro: los rumores sugieren que el entrenador atendió el consejo del presidente de la AFA. Y entre los nuevos titulares se encontraba, por supuesto, Claudio Caniggia, para acompañar a Maradona en el ataque argentino

El sexto cambio llegó imprevistamente a los 10 minutos, cuando el ruso Protasov le provoca una doble fractura de tibia y peroné derechos a Pumpido. Algunos compañeros escucharon el crudo ruido de los huesos quebrándose. En frío, Goycochea cubre el arco vacante: ya no lo soltará en todo el campeonato y se volverá el mejor golero del mundial, penales mediante. Pero la Argentina todavía sufre.

Hasta que el árbitro sueco Eril Fredriksson decide ignorar por completo una evidente mano de Diego en el área argentina —penal clarísimo y la posibilidad de que la URSS se pusiera en ventaja. Goycochea seguía frío: "Si nos convertían, perdíamos el partido".

El partido se ameseta, llega el gol de cabeza de Pedro Troglio, Caniggia provoca la expulsión de un rival, Vladimir Besonov —el tercero en 93 minutos—, Maradona recibe casi una decena de faltas. Jorge Burruchaga roba una pelota que Kusnetsov quiere darle al arquero y marca el 2-0.

En un despacho para la agencia nacional italiana ANSA, al día siguiente de la victoria, Ezequiel Fernández Moores advertía las dificultades físicas que arrastraba Maradona y que no todo el mundo parecía advertir, y resaltaba la dependencia del astro que el equipo nacional seguía arrastrando. Vale la pena repasar algunos párrafos de aquel envío de agencia:

> Las estadísticas no mienten: a lo largo de 180 minutos, Diego Maradona jamás pateó al arco. Créase o no, el astro argentino no solo no marcó goles ante Camerún o la URSS, sino que tampoco remató contra N´Kono o Uvarov. Argentina sigue siendo 'maradonadependiente' y Diego sigue siendo en una Argentina discreta algo así como "una catedral en medio del desierto", como dijeron en Nápoles.

"Pero el hecho de que Maradona ni siquiera se haya animado a disparar al arco parecería indicar que el astro no está en su mejor forma física, aunque sus allegados digan que se encuentra mejor que en México 1986".

"Incluso 24 horas antes del partido contra la URSS, en la práctica ligera que Argentina efectuó en el estadio San Paolo, Maradona trabajó con cierta dificultad, algo que no fue advertido por todos los presentes".

"Claro que aún sin hacer goles y sin siquiera disparar al arco, el talento del argentino apareció anoche en el San Paolo cuando de su izquierda mágica partieron por lo menos cuatro pases-gol que sus compañeros no supieron concretar".

"Maradona se disgustó ayer en la conferencia de prensa cuando un periodista le hizo notar cierto déficit físico y le preguntó si acaso la notable pérdida de kilos de los últimos tiempos le había restado potencia".

"El astro se refugió en explicaciones tácticas y dijo que este equipo precisa que juegue más avanzado en el campo, no como 'cerebro' organizador y ejecutor en la zona media, zona en la que brilló en México 1986".

Para uno y otro Mundial, Maradona efectuó intensos trabajos con el conocido fisiólogo de Roma, profesor Antonio Dal Monte, pero con una diferencia: ahora tiene cuatro años más (...). Pero tal vez Dal Monte, seguramente un excelente fisiólogo, no sea un mago. Y lo más probable es que el argentino, en solo cuatro meses, no haya podido borrar años de descuido.

Maradona tal vez no se haya recuperado aun de aquella uña maldita que lo tuvo a maltraer en los días previos al torneo, pero quienes lo conocen aseguran que ese no es un problema para un jugador acostumbrado a jugar como sea, infiltrado, hasta casi enyesado. Más todavía si, como él mismo reitera, este será su último Mundial (...).

Como dijo su amigo Jorge Valdano: "Los impacientes que quisieron matarlo tendrán que disfrutarlo un tiempo más. Aunque sea en esta versión de Italia 1990, seguramente distinta, pero también hermosa".

Si Maradona arrastraba su humanidad de la manera más honrosa que podía encontrar, Caniggia, en cambio, seguía entusiasmando: *El Gráfico* le subía un punto respecto al debut de 45 minutos contra Camerún, lo calificaba con un 8 y lo elogiaba así:

> Como si la titularidad le hubiera dado la confianza que necesitaba. Un monstruo en cada pique, obligando siempre. Y un récord: ya hizo expulsar a tres jugadores en dos partidos. Aquellos dos de Camerún y esta noche a Bessonov. Esto indica que no lo pueden parar. Cuando se encuentre con el gol, estaremos ante el punta que nos faltaba. Anda cerca, valen sus intentos por meterse en el área y pegarle con lo que sea: las piernas y la cabeza. Da gusto verlo así.

Era el turno de Rumania, el seleccionado de Gheorghe Hagi y Marius Lacatus: una victoria de cualquiera eliminaba directamente al rival. Demasiada responsabilidad, con la eliminación siempre flotando como una posibilidad, como para jugar con soltura.

Pedro Monzón abre el marcador con un tanto de cabeza —como el de Troglio contra los soviéticos—, pero luego Balint empata. El 1-1 clasifica a ambos. Pero el destino pudo haber torcido esa igualdad hacia un destino de desastre: "De la vida a la muerte y de la muerte a la vida", escribió Daniel Lagares en *Página/12*. "Si Rumania se animaba, Argentina se despedía ayer (miércoles 20) del Mundial. (…) Los rumanos celebraron el empate como una victoria. Aseguraron la clasificación y estuvieron ahí nomás de ganar el partido. Después de todo, para ellos, esta que jugó ayer es la selección campeona del mundo".

La selección fue tercera en un grupo de cuatro. Pero no hay mucho que celebrar. No sabe qué rival le tocará. La duda persistirá algunos días, mientras se completan los demás grupos. Y las especulaciones son múltiples.

"Por primera vez desde que este Mundial duro y dramático empezó (Diego Maradona) no habla. No quiere hablar. Y tiene razón... Si siempre puso la cara, aún en las peores, se ha bancado un festival de patadas desde el inicio de Italia 1990", contaba Daniel Arcucci en *El Gráfico*.

> Si una característica tiene Diego, esa es la sinceridad. Entonces, no lo dice, pero lo demuestra... Ya hay una historia a su alrededor, incluso, porque él siempre da tela para escribir: "En el entretiempo el médico indicó que era mejor reemplazarlo por el golpe viejo en la rodilla izquierda y por uno nuevo en el tobillo de la misma genial pierna". Maradona respondió: "¡¿Están locos?! Ni muerto me sacan de la cancha".

Según *Página/12*, Diego se excusó de hablar "mediante un comunicado, por el dolor que sentía en el tobillo que le estropeó el rumano Rotariu".

Bilardo admitiría en esa entrevista con la revista *Gente* que: "Diego tuvo una semana que no podía pisar, por el tobillo, después de Rumania. Jugaba sin calzarse y se infiltraba para poder jugar. Así jugó contra Brasil (...)".

En una apocalíptica columna para la revista *Noticias*, el recordado periodista Néstor Ibarra escribió:

> Dicen que en la concentración argentina, después del partido con Rumania, había tanto descontento como desconcierto. A Carlos Bilardo le brotó una erupción en la cara, producto de los nervios. Y varios jugadores criticaban la demora de Maradona en volver al entrenamiento. Los hoteles donde residen los dirigentes argentinos eran verdaderas usinas de rumores. Uno de los que circulaba, incluía el posible retiro de Julio Grondona de

la conducción de la AFA ante la proximidad de la debacle.

La Argentina había jugado tres partidos, había convertido tres goles y ninguno de ellos los había marcado un delantero. Recibieron decenas de patadas e hicieron expulsar rivales. Pero la red les había estado vedada. ¡Si Maradona no había disparado al arco y a Caniggia lo había fauleado a mansalva cada vez que picaba con la pelota dominada!

"Brasil o Alemania, si le hacíamos caso a la lógica o Brasil, Escocia, Costa Rica, Alemania, Colombia o Yugoslavia, si respetábamos las matemáticas, podían ser los rivales de la Argentina para los octavos de final, el próximo domingo (24 de junio) al cierre de esta edición", explicaba *Solofútbol* en su edición posterior al partido contra los rumanos. Y seis días antes del compromiso la revista se preguntaba:

> ¿A quién deberemos enfrentar, en definitiva, para seguir en carrera en este dificilísimo Mundial? ¿A los brasileños, quienes, la última vez que nos enfrentamos en un Mundial, nos ganaron 3-1 y nos eliminaron de España 1982? ¿O a los alemanes, a quienes les ganamos la final de México 1986 y nos quedamos con el título que ahora quieren ellos?

Para *El Gráfico*, Caniggia había jugado el partido más discreto de la primera fase: apenas si decidió calificarlo con un 5 que resumió, en todo caso, la intrascendencia del equipo en aquella noche del San Paolo:

> Durante los 10 primeros minutos apareció el delantero veloz, desequilibrante, el depositario de nuestras esperanzas ofensivas. Es cierto que nadie supo hacerle el juego y Claudio necesita que lo habiliten poniendo el balón delante de su pique demoledor. Por eso

terminó siendo tan intrascendente como el resto del equipo.

—¿No da temor pensar en Alemania o Brasil como rivales?— le pregunta en el vestuario Arcucci a Caniggia.

—Que ellos nos tengan miedo a nosotros: todavía somos los campeones...

—¿Estás conforme?

—No, no puedo estar conforme ni contento habiendo salido tercero de un grupo de cuatro. En general después del partido contra Camerún la preocupación fue ganar los tres o cuatro puntos... Ahora debemos también pensar en jugar.

Pero jugar no era algo que el siguiente rival tuviera pensado permitirle a la selección argentina.

CAPÍTULO 4

UN CARNAVAL CARIOCA A CONTRAMANO

"El goleador Careca aspira a lograr el 'pichichi' del Mundial"

"Brasil: ¡Vuelve el espectáculo!"

"Tras su buen debut, los de Lazaroni ya sueñan con él cuarto título"

Los títulos del Mundo Deportivo de Barcelona respecto al debut de la selección de Brasil en el Mundial de Italia contrastaban en mucho con aquella prédica lastimera de la más modesta *Solofútbol* tras la angustiosa clasificación argentina.

Las realidades de ambos conjuntos eran absolutamente discrepantes. Al patético debut del seleccionado albiceleste ante Camerún siguió la victoria incuestionable 2-1 de Brasil sobre Suecia, con dos goles de su más punzante atacante, Antonio de Oliveira, Careca, el centrodelantero al que Diego Maradona había hecho contratar como su compañero en el Napoli, y que en el Mundial 1986, en México, ya había marcado cinco goles. "Todo el mundo estaba pendiente de nuestro debut, antes de jugar ya habíamos recibido críticas sobre nuestro sistema de juego, pero al final hemos conseguido ganar", afirmaba el goleador.

Si la Argentina había arribado a Italia con oropeles deshilachados, pero con el orgullo de ser el campeón del mundo, Brasil venía de dos experiencias realmente traumáticas. Conducido por el histórico Telé Santana, el seleccionado verde y amarillo había sido el equipo más destacado del Mundial de 1982, con jugadores de una extraordinaria calidad como Sócrates, Falcao, Zico, Junior, Toninho Cerezo o Eder, pero con indudables problemas en la defensa sucumbió ante el fútbol práctico de Italia, que finalmente se quedó con la corona. Es probable que aquel partido entre ambas selecciones, en el desaparecido estadio Sarriá de Barcelona, haya sido uno de los mejores 10 encuentros de toda la historia de la Copa del Mundo.

Santana condujo al seleccionado cuatro años más tarde, en México. El equipo nunca mudó su filosofía, incorporó algunos jugadores tan destacados como sus antecesores —Alemao, Müller, Careca, Branco, Josimar, Valdo— y protagonizó un partido fabuloso en los cuartos de final contra Francia en Guadalajara. Tras un empate 1-1, después de que Zico marrara una pena máxima a solo 17 minutos del final, la definición por remates desde el punto de penal le fue adversa. Francia luego cayó en semifinales con Alemania, que acabó jugando la final contra la Argentina de Maradona, Burruchaga y Valdano. Una final del Mundo entre Argentina y Brasil, con el nivel que estaban demostrando ambos conjuntos, pudo haber sido un momento cumbre en la historia del fútbol mundial.

Pero a la doble decepción le siguió una fenomenal depresión en el fútbol brasileño. Según escribió el reputado periodista Juca Kfouri en sus memorias, "el ciclo vicioso brasileño —en los años posteriores a 1986— era tenebroso. Los *cracks* se marchaban al exterior, los estadios se vaciaban, los clubes no tenían dinero y no conseguían competir contra las monedas europeas. Los años de 1987 a 1989 fueron un gran desbande de jugadores rumbo a Europa", esencialmente a Italia, que poseía por entonces "la liga más competitiva del planeta, con docenas de astros internacionales". En el plantel de España 1982, solo Falcao y Dirceu jugaban en Europa; en el de México 1986, apenas Edinho y Junior; en el que Lazaroni llevó a Italia, once de los 22 integrantes —exactamente la mitad— hacían su carrera en el fútbol europeo.

Según el catedrático Cassio Guilherme en su estudio sobre la influyente revista deportiva *Placar* y la Copa del Mundo de 1990, titulado "¿Por qué perdimos?",

> ...toda esta sucesión de desorganización en el fútbol brasileño favoreció que, en enero de 1989, por aclamación y sin rival, la Confederación Brasileña de Fútbol (CBF) eligiese a Ricardo Teixeira para presidirla. Yerno de Joao Havelange, titular de la FIFA, Teixeira no tenía la más mínima relación con el fútbol. Sin embargo, con la ayuda de su suegro, supo cómo aproximarse a los presidentes de las federaciones estaduales, siempre con buena conversación, favores, distribución de pasajes y promesas vendía una imagen de modernidad y de administración profesional.

Con ese perfil, no extrañó que Teixeira eligiera un entrenador para el seleccionado que tuviera una personalidad de rasgos similares.

Sebastião Lazaroni, que por entonces tenía 38 años y era once años menor que Bilardo, había comenzado su carrera como entrenador en 1984 y pegó tres títulos consecutivos del campeonato estadual de Río de Janeiro, con Flamengo (1986) y Vasco Da Gama (1987 y 1988). Su elección no se distinguió en mucho de la que realizó Julio Grondona cuando eligió a Carlos Bilardo en 1983.

Lazaroni estaba rodeado de una prédica de modernidad que no siempre se verificaba en la práctica. Para afrontar la Copa América de 1989 adoptó un esquema 4-3-3 relativamente tradicional en el fútbol brasileño, lo que le dio un buen resultado: habían transcurrido 40 años desde la última conquista brasileña del torneo continental.

Sin embargo, para una gira por Europa, donde ya jugaba la mayoría de los futbolistas que convocaba, se inclinó por un 4-4-2 que, según Guilherme, produjo "un resultado desastroso. Lazaroni quedó muy presionado".

Seguimos a Guilherme:

> Después de la desastrosa excursión a Europa, el técnico Lazaroni promovió un cambio radical en el sistema táctico de la selección brasileña. La idea le habría sido alcanzada por el auxiliar técnico Nelsinho para 'montar una defensa más cerrada'. También adoptó el 3-5-2, con líbero y laterales subiendo por las bandas. El entrenador se justificó alegando que eso era lo más moderno en el fútbol europeo de ese momento. La revista *Placar* fue taxativa: "O el nuevo esquema funciona o Lazaroni pierde el empleo". Era un cambio radical y los jugadores tenían todavía dificultades para moverse en el nuevo esquema. "En realidad, ningún equipo brasileño juega como la selección, con cuatro zagueros y un líbero atrás. En Europa, donde Lazaroni fue a buscar inspiración para el cambio, se usa el líbero y, a lo sumo, tres zagueros. Eso confundió a los jugadores".

En rigor, el 3-5-2 no era muy distinto del esquema táctico que Bilardo había implementado en México 1986, pero ya parecía superado por la creciente velocidad con la que se estaba jugando al fútbol. Tampoco podía discutirse si era tan extraño para la historia del fútbol brasileño, que había ganado el Mundial de 1958 con un esquema 3-2-5. Pero la diferencia era obvia comparando los ataques; solo en cuestión numérica, sin siquiera emitir un juicio de calidad, de aquella delantera Garrincha-Didí-Vavá-Pelé-Zagalo a esta de Careca-Müller había una tremenda diferencia.

La opinión generalizada entre los comentaristas brasileños era que el líbero no era imprescindible y que, en definitiva, poner un hombre detrás de la defensa suponía restarle un jugador al ataque. Pero la disputa dialéctica en torno a la propuesta poco convencional del entrenador motivaba en Europa descripciones como la siguiente:

Desde su llegada, el seleccionador ha modificado el tradicional juego 'canarinho', que le despojó de su histórica identidad para otorgarle un aire europeo. Dunga, el centrocampista de la Fiorentina, ha simbolizado este cambio. Es el prototipo del jugador que quiere Lazaroni. Basta de magos y preciosistas del balón. En definitiva, basta del fútbol arte. Lo que importa es el rendimiento físico dando prioridad a la defensa en detrimento del ataque. Las críticas, que asomaron desde algún tiempo atrás, se han recrudecido a la vista de los resultados. Entre ellas las de personajes míticos como Pelé, Rivelino o Falcao"

¿Basta de fútbol arte? Pelé no se guardaba nada: "He visto a un equipo muy fuerte, pero sin ganas de hacer el juego tradicional de Brasil", apuntaba. "Esta selección no es irresistible, como lo han sido otros equipos nacionales brasileños". Pelé se volvería un propulsor de fuertes cuestionamientos al desempeño de su selección durante la Copa del Mundo y, en particular, durante el partido contra la Argentina, fue dueño de premoniciones que se revelaron acertadas... y también amargas.

El historiador de la Copa del Mundo Brian Glanville lo veía de esta forma:

Brasil estaba atravesando otro de esos períodos en los que trataba de ser más europeo que los europeos y estaba claro que su entrenador, Sebastiao Lazaroni, el hombre que lo había dotado de una defensa con líbero, estaba obligado a ganar la Copa del Mundo. Los tres goles que Alemania Oriental le había marcado en Río no sugerían que un líbero pudiera resolver los problemas defensivos y aunque el nivel técnico de los jugadores era alto y la destreza de Valdo innegable, al equipo parecía faltarle el instinto creativo del Brasil de las dos Copas del Mundo previas". Los que armó y dirigió Telé Santana. Los que no pudieron consagrarse.

Lazaroni lo había explicado con un reduccionismo casi sofista que acabó volviéndose clásico inclusive en la Argentina. "Se ha cansado de repetir que antepone los buenos resultados a hacer espectáculo y perder", lo citaban. ¿Qué espíritu insidioso homologó la propuesta de tener en cuenta la belleza a la hora de jugar con la inexorabilidad de la derrota? Ese sofisma que identifica "jugar bien" con "perder" y deja el camino abierto a los experimentos del "ganar como sea", sigue dando vueltas más de tres décadas después de Italia 1990.

La prédica no era exclusiva propiedad del entrenador. En su Guía de la Copa del Mundo, *Placar* —nos cuenta Guilherme—:

...argumentó que el país estaba cansado de "jugar bonito y no ganar" y que por eso la selección "se moderniza en la era Lazaroni para llegar al título". Por modernizar, la revista se refiere a una selección 'más europea' apostando a la velocidad y la aplicación táctica, sin "los firuletes y los regates inútiles (sic)".

La confusión había alcanzado, inclusive, a quienes, precisamente, tenían que desactivar esa confusión.

Después del 2-1 contra Suecia, Brasil volvió a ganar, pero esta vez por la mínima diferencia, con un gol marcado por Müller, contra una de las sorpresas de la Copa del Mundo, el fresco equipo de Costa Rica que conducía el verborrágico entrenador serbio Velibor *Bora* Milutinovic. Dos partidos, dos triunfos, la clasificación asegurada a la segunda fase, pero... los fanáticos no se conformaban con tener las cuentas en orden, algo por lo que los hinchas argentinos, en ese preciso momento, habrían prometido lo inimaginable. Tras ese partido, el cronista de Canal 9 de Buenos Aires, Enrique Moltoni, inquirió a Pelé y la respuesta que obtuvo fue asombrosa y casi premonitoria: "Brasil ganó, se clasificó, pero no hizo un gran partido", señaló. "Tuvo la oportunidad de ganar por 4 o 5 goles, tuvo las chances, pero no salió. La realidad es que no ha jugado un gran partido. Si jugamos contra un equipo más organizado defensivamente, difícilmente podremos vencer".

Las críticas no solo eran externas, como revelaba el periodista español Alex Martínez Roig en la previa del tercer partido de Brasil en el Grupo C, contra Escocia.

> "Abran bien sus oídos: estoy muy satisfecho de mi equipo, que ha ganado cuatro puntos en dos partidos". Así de contundente fue Sebastiao Lazaroni, seleccionador de Brasil, en su enésima defensa tras los ataques de que ha sido objeto al decidir incluir a un libero en su equipo, críticas a las que también se unieron algunos de sus jugadores.

"Lazaroni ha sido insultado, vilipendiado, objeto de mofa y escarnio, pero sigue creyendo en sus ideas", insiste el analista.

"No renunciaré nunca al líbero —dice—. Salvo en caso de emergencia, no recurriré nunca a los tres delanteros". Lazaroni sigue firme en sus criterios, pero ante Escocia ha bajado un poco la guardia. Ha aceptado las críticas, aunque solo en un apartado: la delantera. El sacrificado será Müller. Su compañero de ataque, Careca, se ha quejado: "Con Müller estaba comodísimo. No entiendo el cambio". Lazaroni ha preferido a Romario, el delantero del PSV Eindhoven, que se ha recuperado ya de una lesión que le apartó cuatro meses del fútbol.

La tercera victoria consecutiva, con otro gol de —paradójicamente— Müller, pero muy cerca del final, motivaba el siguiente análisis del periodista argentino Fabián Ortiz para *Mundo Deportivo*:

Lazaroni le quitó a Brasil el traje de carnaval y en su lugar colocó un atuendo menos lucido: el uniforme de trabajo. En este esquema, quien peor lo pasa es Careca, y el más beneficiado es Alemao. Mientras que para este cada partido se convierte en un constante contacto con el balón, sea en labores de contención como organizativas, para el delantero sus actuaciones casi se cuentan por decepcionantes luchas en solitario ante la zaga rival. Porque Brasil llega poco al área contraria, y cuando lo hace Careca sufre poco menos que la soledad del corredor de fondo: recibe balones "cuadrados" y debe superar por sí solo (salvo contadas excepciones) la barrera defensiva que tiene delante. Aun así, su calidad le ha permitido marcar un par de goles... en el primer partido, ante Suecia.

Brasil era un equipo que vencía pero no conmovía; mucho peor: las victorias enmascaraban sus deficiencias, algunas de las cuales se advertían en el análisis citado. Un Brasil contragolpeador antes que protagonista, más calculador que generoso, amarrete y ciertamente ladino. Había marcado solo cuatro goles en la fase inicial (la más baja desde 1978) y si asomaba como candidato con base en una marcha triunfal, todavía no había dado lo mejor de sí... si era que tal rendimiento —de acuerdo al sistema y a los futbolistas que entraban al campo— podía ser posible.

Para desgracia de Lazaroni, sí lo fue. Cuando llegue el momento, *Folha do S. Paulo* titulará: "Esta es la peor selección montada tras el fracaso de 1966 en Inglaterra".

Ahogado en la orilla del Mundial, Jorge Valdano se dedicó a ejercer el periodismo durante el torneo, sin inmiscuirse con la selección argentina por razones de impecable ética. Pero sintió propicia la ocasión de desnudar al Brasil clase 1990. Algunos párrafos que sintetizan cómo jugaba aquel equipo, según lo publicó *El País* de Madrid:

"El líbero, hijo del rígido *catenaccio*, encontró trabajo en la selección brasileña para custodiar su fútbol alegre. 'Está bien que divirtamos al mundo', razona el técnico Sebastiao Lazaroni, 'está mal que terminemos divirtiendo a los adversarios'"

Para asustar adversarios, el Brasil de Lazaroni confía en el hombre de la cueva y para divertir al mundo sobra con un balón y 11 brasileños. El espectáculo y los resultados, el adorno y el realismo, son pesos y contrapesos de una misma obsesión futbolística mundial. Brasil le exporta a Italia jugadores para pulir el rocoso Calcio, e importa de Italia la función de líbero para opacar el brillo excesivo de su fútbol.

"El líbero, u hombre de la cueva, u hombre escoba, es fruto de la discordia en el Brasil futbolístico por ser un rol contracultural que choca con la tradición de su defensa zonal. Larazoni es el entrenador, la selección está ganando y, por tanto, líbero *habemus*".

"Mauro Galvao fue el eficaz dueño de la función en la Copa América y en las Eliminatorias, pero es Carlos Mozer quien más categoría tiene para reclamar el puesto que la selección de Brasil nunca necesitó".

"Los laterales pertenecen a Branco y a Jorginho (...) tienen argumentos técnicos para quitar atrás, jugar en el medio y desbordar arriba".

El último especialista en interrupción, destrucción y derribo es Dunga, centrocampista de contención con adecuado aspecto de piraña, malhumorado (...). El rubio Taffarel (portero de garantía), junto a los seis nombrados, son los formales guardianes de Lazaroni. ¿Traición estilística? No sé; aunque su nueva ley sea la telaraña, Brasil siempre será Brasil.

El sistema convierte a muchos talentos en mano de obra desocupada. Para Valdo, Silas, Alemao, Giovani y Tita solo hay dos puestos en mitad de la cancha. En la delantera, si Antonio Careca es el indiscutible propietario de la camiseta número 9, tiene que buscar compañía solo en uno de estos tres sublimes socios: Müller, Bebeto y Romario (...)

"Brasil llegó a Italia con una buena cantidad de devotos, mucha fe y varios atletas de Cristo entre los convocados, pero no creo que a Dios le guste verlos jugar con líbero"

Pero no todos poseían una valentía semejante para decir lo que veían. Si los resultados mandaban, eran demasiados los discursos que lo refrendaban. "La selección que no falló e hizo buenos los pronósticos fue Brasil.

Ganó los tres partidos, si bien sus triunfos no resultaron lo espectaculares que hubieran deseado sus seguidores. Por ahora, nadie puede discutir a Lazaroni", esgrimía *Mundo Deportivo*, antes de efectuar el siguiente balance que pinta la situación anímica física del seleccionado verde y amarillo, a punto de afrontar los cuartos de final contra un rival todavía desconocido:

> Lazaroni está 'muy satisfecho', según dijo, con el rendimiento de Brasil, que ha tenido en su opinión una buena actuación y una excelente disciplina en los partidos del grupo C. "Creo que Brasil ha de mostrado más confianza y personalidad en el partido contra Escocia que en los anteriores, lo que nos señala la evolución en el juego colectivo e individual." Dijo que incluyó a Romario por Müller en el equipo titular para darle más confianza al jugador que retornó al juego tras una larga lesión. Sin embargo, admitió que el delantero del PSV aún no está en plenitud física, aunque va adquiriendo confianza, y que fue acertado incluir luego a Müller, pues marcó el gol del triunfo (contra Escocia). A este respecto, insistió en que "Brasil es un solo equipo y por eso puede entrar cualquiera en él", como réplica a las críticas y especulaciones sobre la entrada y salida de jugadores del once titular.

Un detalle insoslayable: Romario, que todavía no era el futbolista influyente y decisivo que sería en el Mundial 1994, y que ante los escoceses produjo un pobre partido de apenas 45 minutos, no jugará los cuartos de final. Tampoco lo hará Bebeto, que no alcanzó a recuperarse de una contusión en la rodilla derecha producida en un entrenamiento previo al partido contra Escocia tras chocar contra el delantero Taffarel.

Con el beneficio de la perspectiva histórica, queda planteada la duda para cuando arranque el partido: ¿ha-

bría sido la dupla Romario-Bebeto mucho más decisiva que Careca y Müller? Es una duda filosófica, sin respuesta posible, porque acaso a aquella dupla le faltaban cuatro años de madurez futbolística. Como fuera, la selección argentina también se benefició de esa distorsión temporal.

CAPÍTULO 5

"CREO EN LOS MILAGROS"

El miércoles 20 de junio, en Nápoles, con la clasificación asegurada para los octavos de final del Mundial, pero herida de categoría, la selección solo podía especular. En todo sentido.

La prensa lo explicaba así:

La Argentina ya es uno de los cuatro "mejores terceros". ¿Por qué? Porque tiene 3 puntos y una diferencia de gol de +1 y en dos de las zonas ya hay terceros que no pueden alcanzarla. En el grupo A, Austria puede llegar a ser tercero y clasificarse, pero con 2 puntos; en el grupo F, entretanto, puede llegar a ocurrir que haya dos terceros con dos puntos, pero con una diferencia de gol 0. Vale decir, entonces, que la Argentina ya está mejor que en dos zonas. Por lo tanto clasificada. Lo que no se sabe es cuál será el próximo rival. Si Austria se clasifica (tiene que golear a Estados Unidos y esperar), el rival de Argentina es Alemania Federal. Si Austria no se clasifica, entonces el rival para el equipo de Bilardo es Brasil.

Para aquella selección era como elegir entre el hambre y las ganas de comer. Austria apenas batía 2-1 a Estados

Unidos cuando tenía que golear, se quedaba afuera y, entonces, el jueves 21 quedaban definitivamente consagrados los enfrentamientos de octavos de final. Así presentaba *Página/12* el choque del domingo 24 en Turín:

> Brasil: Obtuvo su zona invicto, pero su juego no tuvo el sello característico de otros conjuntos brasileños. La incorporación de un líbero generó una polémica que tuvo como eje al entrenador Lazaroni, quien trató de imponer un estilo que se opone a la manera tradicional del futbolista brasileño.

> Argentina: Sigue dependiendo de Maradona, aunque tenga el tobillo a la miseria y deba jugar en una pierna. No encuentra su imagen de equipo a pesar de los reiterados cambios (ya jugaron 20 de los 22 inscriptos). Todo el plantel quiere jugar contra Brasil porque se trata de partidos diferentes.

Con la resolución de los enfrentamientos de los octavos de final, algunas especulaciones dejaban lugar a ciertas certezas. Por ejemplo, que Bilardo había decidido "borrar" a Sergio Batista del equipo titular por su pobre actuación frente a los rumanos y reemplazarlo por otro histórico del Mundial 1986, Ricardo Giusti.

El volante reaccionaba con furia: "Yo no sé, pero acá debe haber algo extrafutbolístico, alguna mano negra. Me dicen que soy lento: yo fui lento en 1981, en 1986 y en 1990".

En 2002, Batista —que mucho más tarde ocuparía, aunque de forma efímera, el cargo que Bilardo tuvo hasta 1990— dio otra particular visión sobre lo ocurrido:

> Lo que pasa es que ahí los jugadores estábamos mal (...). El equipo jugaba mal, pero el único culpable para la prensa era yo.

Me banco que me critiquen, pero no lo de los apodos. Me llegaron a poner la Momia. Eso te mata (...). No estábamos tan metidos. Un poquito aburguesados, quizás. Pero lo peor es que no había ambiente, el grupo no era el mismo. No sé si por culpa de los grandes o de los pibes, pero lo cierto es que el grupo no se armó. Y eso se trasladó a la cancha. Por eso se ganó como se ganó (sic), siempre por penales y jugando bastante mal a veces. Con un grupo fuerte hubiéramos sido campeones. En el 1986 de afuera no nos entraba nadie. Y acá (en el 1990) no fue así.

Pero lo que ocurría con Batista era un tema menor frente al drama que se estaba incubando.

Pese al hermetismo que imperan en Alcatraz II (así llaman los jugadores al campo deportivo dónde se alojan), hay informaciones que destacar más allá de la importancia de la exclusión del volante de River. Diego Maradona ayer no se entrenó y estuvo en reposo absoluto debido al fuerte golpe que recibió en su tobillo izquierdo contra los rumanos. Sobre ese tema, su preparador físico personal, Fernando Signorini, dijo que "le han pegado en mayor cantidad y calidad que en el Mundial de México" y agregó que el estado físico que presenta Diego es muy inferior al que tenía hace diez días, o sean antes del inicio del Mundial.

La gravedad de la situación llevaba al PF a destacar que "en realidad, Diego no debería jugar el domingo, ya que tiene el tobillo izquierdo muy inflamado, pero como quiere jugar igual, estará en la cancha ante Brasil o Alemania".

A Diego había que matarlo, sencillamente, para impedir que jugase.

Tenía permiso irrestricto para ausentarse de la concentración cuándo y cómo quisiese. Durante la primera fase del campeonato, su "ángel guardián" había sido José Luis Brown, que no fue incluido en la lista de buena fe, y por lo tanto no podía jugar, pero cuya misión era "marcar" a Maradona fuera de la concentración. Sin embargo, Brown había regresado a Buenos Aires acompañando al fracturado Pumpido y Diego solo volvió a Trigoria el jueves 21 a la mañana. Así lo contó en su autobiografía:

> Mi tobillo izquierdo era una pelota, eso era. Una pelota de fútbol. Signorini se acercó y me dijo: "¡Salí descalzo, así ven todos que no mentís!". Salí así, vestido con un buzo azul, un pantalón corto blanco y chancletas. Me paré en un costado de la cancha a ver la práctica del resto y sentía los ojos de todos clavados en mi tobillo como puñales: todos parecían examinármelo. Cuando terminó el entrenamiento eran casi las 20 y me fui rengueando hasta la mitad de la cancha. Me tiré en el piso y empecé a hacer jueguito con la pelota sin usar la zurda para nada. Al ratito, estaba rodeado de periodistas. Yo quería mandar un par de mensajes y lo primero que me preguntaron fue si yo iba a jugar así contra Brasil. "Así o enyesado, pero juego".

El Gráfico reconstruyó esa tensa práctica y refirió aquellos mensajes, aquí sintéticamente repasados:

"Creo en los milagros y nuestra victoria seria exactamente eso. Esto no debe sorprender a nadie, pero ojo: muchos favoritos están muriendo en la cancha. Brasil debió haberle hecho diez goles a Costa Rica, Italia veinte a Estados Unidos. Nada de eso pasó".

> Los que más me gustaron hasta ahora fueron Italia, Alemania y Brasil, en ese orden. Los brasileños están mucho mejor que nosotros,

eso lo saben todos también, pero si piensan que les regalaremos el partido, están muy equivocados. Y no es cierto que hayan dejado de jugar como saben, solo se cubren un poco más.

"Será una sensación extraña, distinta, tener enfrente de mí a Alemao y Careca. Siempre estuvieron de mi lado (en Napoli). Voy a entrar a la cancha, le voy a dar un gran abrazo a Antonio, pero apenas suene el silbato trataré de ganarle con todo".

"No tengo respuesta a esto que nos pasa. Todavía no justificamos por qué estamos en Italia".

"Si tengo que decir la verdad, Argentina no me ha gustado. Pero en ningún momento del Mundial, nunca. Si un partido contra Brasil, que siempre debe ser una final, llega ya en octavos, es exclusivamente por culpa nuestra".

"Estoy preparado para los silbidos de Turín y para cualquier cosa. Ya hemos llegado al límite de la mala educación, se puso en duda mi lesión. Acá está, la pueden ver todos".

La veían los italianos, que habían dudado de la veracidad de la especie, y la advertían los brasileños, a quienes, en definitiva, tampoco les causaba mucha gracia. Maradona en un solo pie... seguía siendo Maradona.

El informe del día siguiente, viernes 22 de junio, los ponía más contentos aún, como si eso fuera posible: "Diego practicó con su pierna derecha como un pibe que quiere aprender pegándole contra la pared. Cuando le pegó con la otra, con la que sabe, su gesto de dolor fue la respuesta". Aunque eso no alteró en absoluto "su decisión ya tomada de jugar o jugar".

El sábado 23, a menos de 24 horas del partido, la selección viajó en avión chárter desde Roma a Turín.

Exactamente dos horas más tarde —cuenta la crónica— el equipo pisaba por primera vez el césped del futurista estadio Delle Alpi. El último en entrar: Maradona. La vincha rosa y negra, el tobillo ultravendado, la prueba de fuego. Pateó y pateó con la derecha, hizo el habitual *show* para los fotógrafos, le pegó con la zurda... Le dolió hasta el alma. Se quedó sentado en el área, charlando con Signorini. Jugaría, sí, pero infiltrado hasta los huesos.

En su previa para *Clarín*, Juan de Biase no se andaba con vueltas:

Pensamos que si nos atenemos a las formaciones de uno (Argentina) y del otro (Brasil) se nos hace difícil ser objetivos para esta tarde a las 17 (las 12 de nuestro país) para la cita que nos espera. (...) No vamos a hablar de marcas ni esfuerzos porque ambos pondrán todas las ganas que tengan para quedarse con todo el "paquete". Lo que resalta a simple vista es que si miramos las respuestas individuales que tiene Brasil para producir buen fútbol desde el fondo (Jorginho, Ricardo Rocha y Branco), pasando por un buen control de pelota y salida desde el medio campo como Alemao o Valdo, y con dos hombres arriba para el encuentro y la definición como Müller y Careca, nosotros en los papeles carecemos de las mismas posibilidades, porque se reducen a lo que traiga de atrás Olarticoechea, lo que suceda en el enlace de Burruchaga como volante, sumándose a Caniggia y Maradona, cuya plenitud física arroja dudas, porque no sabemos hasta dónde se puede jugar con el golpe que recibió en el tobillo izquierdo y que le produjo un edema por traumatismo, como sostiene el parte médico, que no sabemos si podrá resolver la infiltración en el caso de que lo vuelvan a tocar. Y si sumamos que esto le impidió, además, completar su mejor estado atlético, el panorama resulta más complicado para el jugador y para la selección, de la que sigue siendo su carta principal. Pero no resta otra chance de ponerlo como sea, porque la Argentina carece de un jugador no ya igual, porque los Maradona son jugadores únicos, sino de un nivel que se le acerque.

El analista le dedica largos párrafos a Brasil, como si *Clarín* se editara en San Pablo y no en Buenos Aires. Está más que claro el protagonismo del rival.

Frente a esto puede deducirse que la chance de argentina está muy disminuida, y que ya estamos anticipando la derrota. No, no es eso. Sabemos lo que significan estos partidos, pese a que los brasileños hace tiempo que están con ventajas en su resolución, pero siempre muy apretadas y no necesariamente con justicia. Lo que estamos señalando es que estimamos que Brasil tiene mejores individualidades que Argentina y más recursos futbolísticos. Esto nos parece indiscutible. Pero como en estos encuentros actúan muchas circunstancias, a veces decide el hombre más que el jugador.

Y de pronto, a Brasil se le descubre una vena de debilidad: "Como sospechamos que no está nada cómodo de que Argentina haya sido su rival, sobre todo su técnico, es factible que esta preocupación también se traslade al ánimo de sus jugadores".

Se equivocaba De Biase al afirmar que "si sumamos que la cautela de Lazaroni será parecida a la de su colega, estaremos frente a un partido de ajedrez donde ambos estarán a la defensiva esperando el error adversario antes que provocarlo". Pero sí acertó al pronosticar que "la selección tiene más posibilidades dentro de ese planteo que en uno donde se proponga mayor agresividad y riesgo". Aunque no la pegó al asegurar que "Brasil en ese terreno puede definir mejor".

Mucho más cerca a Bilardo desde la ideología futbolística, *La Nación* apelaba al registro poético que elegía su jefe de Deportes, Ernesto Muñiz, para evitar tanta crudeza, pero las conclusiones eran relativamente las mismas: no era sencillo presentar un panorama siquiera livianamente optimista.

"Cuando una rosa marchita está a punto de morir basta echarle con dulzura algunas gotas de agua para sacarla de la agonía y para que recobre parcialmente su esplendor".

En la teoría, el seleccionado argentino es la rosa marchita que está a punto de derrumbarse, que busca el refresco aliviador que le permita salir de este trance que tiene una verdad irrefutable: el fútbol interpretado según Brasil, en estos momentos, tiene una solidez para el que el libreto de nuestro conjunto no tiene agudeza ni ingenio para salir airoso".

¿Cantamos una marcha fúnebre anticipada? Sería simplemente una insensatez. Son miles los de las rosas marchitas que salieron del paso. No debería ser una excepción el conjunto que dirige Carlos Bilardo, atacado desde todos los ángulos por una serie de desdichas que haría bajar los brazos a cualquiera menos a ese hombre que, pese a todo, ya al final de su carrera como técnico del seleccionado nacional, eludió la posibilidad de salir tan solo decorosamente de la situación, ofrecer mil excusas e irse tranquilamente (...).

Deberá soportarse, como los grandes en la adversidad, el fervor de una ciudad que apoyará a Brasil, un seleccionado que parece tener todo a su favor, pero que igualmente teme, porque la Argentina, en el fútbol, ha sido productor de muchos golpes detonantes, esos que se escuchan en todas partes del mundo. Es lo que desea un grupo diminuto, diezmado, pero listo para la lucha.

El diario de los *Mitre* le dedicaba un elogioso párrafo a Caniggia: "Lo único que le interesa es trabajar para jugar. Intensificó su preparación y confía en su fuerza y en la del equipo. Anímicamente está entero, sin fisuras". La descripción parece la de un futbolista de otro seleccionado, no de esa albiceleste de tono lastimero.

No había lugar para los eufemismos en *Página/12*:

La selección está entregada —pensaba el enviado especial Daniel Lagares—. Sabe, o cree, que va al matadero, pero también sabe que no va para dejarse matar fácilmente. Esa es la única carta que le queda al equipo. Eliminar a Brasil y después perder con cualquiera (...). La dependencia de Maradona es mayor en este torneo, precisamente porque no está rodeado de los hombres más aptos o, al menos, de los hombres en las mejores condiciones físicas, para asegurarle a Diego la posibilidad de inventar y romper los libretos que se traman en los pizarrones. Porque moralmente el grupo está destruido, entregado, esperando más el momento de la caída digna que de la hazaña impensada.

La realidad se probó bien distinta.

Los medios alcanzaban a sacarle algunas palabritas a Bilardo, que se reservaba columna en *La Nación*:

Argentina no será la misma que jugó la etapa clasificatoria. Frente a Brasil nos jugaos la tercera final en este Mundial, luego de los partidos ante la Unión Soviética y Rumania. Creo que a partir de los 15 o 20 minutos Brasil empezará a soltar a sus marcadores de punta, que son los que marcan el desnivel. Argentina dependerá de cómo recupere y administre la pelota. Este partido se empieza a ganar o perder en la mitad de la cancha y el que haga el primer gol tendrá el pasaje a cuartos de final casi en el bolsillo.

Pronosticaba él.En su columna, el entrenador revelaba: "Les haremos algo que a ellos no les gusta, que me reservo. Es una sorpresa. Si sale bien, pueden enloquecerse". Y agregaba:

Aquí hay una gran verdad: si las lesiones no nos frenan, estamos iguales. De lo contrario, estamos desparejos. Acá hay futbolistas de gran capacidad. Nadie puede negar las virtudes de Burruchaga, Maradona, Basualdo y Caniggia, por ejemplo, jugadores que, de alcanzar rendimientos satisfactorios, están capacitados para llevarnos al triunfo y convertir a la Argentina en uno de los equipos con más posibilidades. Espero que el seleccionado argentino, en este Mundial, viva por mucho tiempo más.

La ocurrencia de poner a José Basualdo al nivel de Maradona o siquiera Caniggia decía mucho sobre el esfuerzo del entrenador de sostener un equipo que él mismo había armado, pero que no despertaba abundante fe.

Hasta Diego conservaba sus dudas: "Estaba muy dolorido. El diagnóstico médico me dolía también, sobre todo porque no lo entendía del todo: 'traumatismo muy fuerte que interesó el hueso peroné y afectó un tendón'.

Qué se yo, para mí era un patadón con el que intentaron dejarme afuera".

Entretanto, ¿qué decían los brasileños? Pese a las notorias diferencias entre ambos equipos en el derrotero de la Copa del Mundo, la cautela era un signo generalizado. Según *La Nación*, ni Alemao ni Careca, los compañeros de Diego en el Napoli, sentía que la lesión de su compañero pudiera representar una ventaja asegurada. "No importan en qué condiciones se encuentre. Su sola presencia cambia las cosas. Por eso yo no me confío. Maradona puede cambiar el resultado de un partido", señalaba el volante, sin conocer la excelencia de su premonición. Careca elegía ser más circunstancial: "Brasil y la Argentina valen más que nuestros nombres. Hay toda una historia de fútbol detrás de esos equipos".

Mundo Deportivo informaba un detalle esclarecedor:

> El hecho de que el seleccionador brasileño haya dedicado la jornada del viernes a ensayar los lanzamientos desde el punto del penal habla claramente de la disposición de ánimo de toda la escuadra. No importa que Argentina esté sumida en un bache de juego, que tenga a Maradona lesionado o que haya hecho una primera fase realmente lamentable. Es el campeón del mundo.

Pelé insistía con su idea: su seleccionado podía ser eficaz, pero no era contundente y eso podía costarle caro. "El fútbol de Brasil no gusta pero gana; no divierte pero consigue triunfos. Con la Argentina todo será distinto —recordaba— Es un clásico y siempre en los clásicos las cosas son distintas. Igual, creo que Brasil es favorito".

En ese instante, en la selección argentina se pensaba otra cosa. Bilardo aseguraba en su columna que "ya en el hotel me puse a ver la alegría de un grupo de italianos, quienes festejaban un acontecimiento familiar. Llamé a los jugadores, se sorprendieron y les dije que quería alegría, sentimiento, entrega y fervor".

Y la crónica de esa noche describió entusiasmo y confianza:

> En el hotel Jet, a un paso del aeropuerto, el clima era el de un equipo que llegó hasta esa instancia jugando maravillosamente. Tan distinto a Trigoria, tan lejano de la realidad (...). La llegada fue un festival de gente y sonrisas, la cena fue ruidosa y sin límite para la risa. Nicola Forno, una novia que festejaba su casamiento en el mismo hotel, se acercó hasta la mesa de Diego y le ofreció su ramo: recibió una ovación.

Antes de conciliar el sueño, Diego hizo algo impensado para esa instancia:

> Lo llamé por teléfono a Careca —cuenta en sus memorias—. Era mi amigo, no tenía nada que ocultarle: le conté que mi tobillo era un desastre y que iba a jugar gracias a las inyecciones. Y después le anuncié: "Antonio, mañana te saludo a la entrada, pero después... a muerte, ¿eh?" El tobillo me dolía hasta para caminar desde la cama al baño. Galíndez intentó hacerme un masaje, pero apenas me tocó, pegué semejante grito que casi volteo las paredes.

Al día siguiente, domingo 24 de junio de 1990, *Clarín* anunciaba en su tapa: "La ilusión depende de un triunfo". *La Nación* era más circunspecto: "Hoy, la Argentina ante Brasil". Y en la prensa internacional se podían encontrar juicios como el siguiente: "Si históricamente los Brasil-Argentina han sido duros y poco agraciados para los ojos del público, este se presenta aún menos dotado de los ingredientes necesarios para agradar. El momento de Maradona, por ejemplo, es una de las claves que puede marcar el desarrollo del encuentro".

No hacía falta saber mucho sobre fútbol para señalarlo...

CAPÍTULO 6

LA TEMPESTAD

Setenta mil entradas vendidas en el estadio Delle Alpi, aunque el reporte oficial de la FIFA dice que ese día hubo 61 381 espectadores. Pero el local era Brasil. Favorito, habiendo ganado su grupo no había tenido que desplazarse, Turín parecía, a ojos de Eduardo Dakno, enviado de *La Nación*, "una Río de Janeiro brasileña". Entre tantas camisetas amarillas en las tribunas, unos cuantos italianos del norte arrogante dedicados a hostigar a Maradona desde el momento en que la selección salió al campo de juego. Muy pocos hinchas argentinos se desperdigaban aquí y allá: según las crónicas, no llegaban a mil. Mil almas que con los años podrían considerarse muy afortunadas.

El camino lógico del campeón del mundo era continuar en el San Paolo y no eran pocos quienes se habían quedado con entradas que, ahora, les habían asegurado la presencia en el partido de octavos entre Camerún y Colombia, disputado el día anterior, el sábado 23: los africanos, en definitiva, y no la Argentina, habían ganado el grupo B. Según *Clarín*, "durante los momentos previos los personajes más asediados fueron, sin suda, Pelé y Alfredo Di Stéfano. Ellos y el fútbol son simplemente lo mismo".

Sin sorpresas, Brasil alineaba a Taffarel al arco; Mauro Galvao era el líbero; Ricardo Gomes y Ricardo Rocha, los centrales; Jorginho, el lateral por la derecha y Branco, por la izquierda; Dunga y Alemao para la recuperación, Valdo para la creación, Careca y Müller adelante para sacar diferencias. Lazaroni típico.

Bilardo había dado la charla técnica tres horas antes del inicio del partido, en el hotel Jet. Sostenía a Goycochea en el arco: todavía no se había revelado su llamativa capacidad para la definición por penales, y recuperaba a Ruggeri (en lugar de Serrizuela) y a Giusti (por el borrado Batista), siempre con Simón como líbero, Monzón y Ruggeri de *stoppers*, un mediocampo de cinco hombres con Basualdo y Giusti a la derecha, Troglio por el medio, Burruchaga y Olarticoechea tirados a la izquierda, Maradona más suelto —aunque atado por la dependencia del tobillo miserable— y Caniggia para el milagro.

"A mí tenían que infiltrarme para jugar, pero no quería perdérmelo ni dejar el grupo", le contó en 2013 Óscar Alfredo Ruggeri al autor. El zaguero, afectado de una pubalgia, había sido probado el día anterior hasta último momento. En unos instantes corrió la versión de que Néstor Lorenzo sería el titular. Pero Bilardo quería a Ruggeri para marcar a Careca. No fue el único en ser infiltrado, desde ya.

En el vestuario del estadio Delle Alpi el doctor Raúl Madero le aplicó a Maradona cuatro inyecciones en el tobillo interesado antes de salir a la cancha. Ese tobillo era, a ojos de Diego, "una pelota número uno, carne y sangre coagulada. No me podía calzar". Vale la pena recordar el dato: en los tres primeros partidos del Mundial, a Maradona le había cometido 28 faltas: casi una decena por partido.

Repasar las alternativas del primer tiempo tiene relativo sentido. Conocemos ya lo que ocurrió: la abrumadora superioridad de Brasil durante esos primeros 45 minutos. Lo interesante del repaso, en todo caso, es comprobar cómo de a poco la desorientación va ganando a un rival que no puede efectivizar tamaña ventaja. Y Pelé, que había criticado el estilo Lazaroni casi desde el mismo comienzo, sería al cabo el mejor termómetro —sentado en una cabina de transmisión al aire libre junto al mítico relator carioca Galvao Bueno, comentando el partido para la TV brasileña— de esa creciente incredulidad.

"Brasil lo tenía todo para ganar", escribió esa tarde Alberto Sanchís, el enviado del *Mundo Deportivo* de Barcelona al encuentro, una mirada muy neutral sobre el choque:

> Era, con mucha diferencia, muy superior y así, lo demostró en el campo. Tenía la 'torcida' a su favor, ya que en las gradas casi no se veían las banderas blanquiazules (sic) ante tanto océano verde y amarillo. La solemne Turín, la histórica ciudad que unificó Italia en el siglo pasado, más parecía Río de Janeiro y el estadio vibraba al mismo ritmo que hubiese sonado en Maracaná. El himno argentino silbado, Maradona abucheado cada vez que tocaba el balón....

Un clima asfixiante para el equipo nacional.

"A los diez segundos tuve el primer mano a mano", exagera Goycochea, pero no por mucho: Simón dejó pasar a Careca, que quería anotar su tercer gol en el Mundial: no convertía desde la jornada inicial, dos semanas antes: ¿cómo se podía ser goleador del Mundial tan alejado de las redes?

> A mí Bilardo nunca vino a darme una instrucción en particular —le contó Simón al autor—. Siempre eran charlas grupales. Pero hubo una excepción. El año anterior habíamos jugado un amistoso con Italia en Cagliari, y

me llevó a practicar solo, para tirarme algunos conceptos sobre lo que él pretendía del líbero. "Cuando te encaran mano a mano —me dijo— olvidate de la pelota, cortá la jugada. No una patada alevosa, pero meté el cuerpo, hace falta". Nunca me dijo: "Pegá una patada, andá y hace *foul*". Al minuto de juego, me encaró Careca, y me acordé de lo que me había dicho. Cortar la jugada, olvidarme de la pelota. Pero en ese instante pensé: "Si se la quito, mano a mano, la rompo, me consagro". En ese instante de duda, no paré nada: ni la pelota ni a Careca...

El centrodelantero se sacó de encima la marca de Ruggeri en el círculo central, dejó atrás a Simón y entrando al área volvió a enfrentarse con el *stopper*. Enganchó, lo hizo pasar de largo y se topó con el líbero, que iba cerrando, y con el arquero, que se tiraba al piso. La pelota pegó en el pie derecho de Goycochea y se fue al córner. Al minuto de juego, Brasil podía haberse puesto 1-0.

"¡Qué lástima! —se lamentó Pelé ante el micrófono— Un gol así, en el inicio, podría haber cambiado totalmente el rumbo del partido". El astro se condolía por la ocasión perdida. Pero esa sería, apenas, un mínimo anticipo de lo que ocurriría en la primera media hora del encuentro.

"Lo que yo veía era que nos costaba tenerla, no podíamos juntarnos en el medio y se nos venían —repasa Ruggeri-. Mi misión era ir sobre Careca como stopper, pero juro que no le pegué, ni siquiera entramos en roce o fricción, ¡no podía alcanzarlo!"

El repaso es vertiginoso como esa primera media hora en la que la pelota no lograba alejarse del área argentina: Cuando sacaba Goycochea, la pelota no superaba la mitad de la cancha.

Entonces:

Un remate de Alemao que se va por encima del travesaño;

Un centro atrás de Branco, casi como puntero, que acaba en un derechazo de Alemao, otra vez cerca del arco;

Una habilitación de Valdo a Müller, quien tiró cruzado sobre la salida del arquero y la pelota se fue cerca del segundo palo.

Todo esto ocurrió en los primeros 5 minutos del partido. Brasil no era el equipo cauteloso que Bilardo había esperado en el arranque. Por el contrario. En todo caso, no era eficaz.

Recién dos minutos más tarde, a los 7, la pelota logró cruzar la mitad de la cancha, tras un rechazo de Troglio que tomó Diego: ¿quién, si no, podría haber logrado el primer milagrito de un encuentro tan desparejo?

No llegó muy lejos: recibió una falta de Ricardo Rocha, la primera de cinco infracciones violentas a lo largo del partido. Se cumplía la profecía: que Maradona jugara en un solo pie no reducía en lo más mínimo el respeto que los rivales sentían por el astro argentino; a lo sumo, buscaban perjudicar todavía más —como si eso pareciese posible— su estado físico.

A los 10 minutos, el líbero Mauro Galvao lo paró yendo con los dos pies para adelante. Pulpa de tobillo.

Burruchaga pierde la pelota en tres cuartos de cancha, la consigue Müller, el centro rasante busca a Careca, Monzón alcanza a despejar.

Del córner de Branco, la pelota sobra a Goycochea a media altura y se va sin que Ricardo Rocha pudiera co-

nectar al gol. Otra oportunidad perdida. Otro cartucho que Brasil desperdicia.

En el banco de suplentes está sentado Gabriel Calderón, que llegó al Mundial casi de sorpresa: por entonces jugador de París Saint Germain, estaba de vacaciones en Marbella cuando el 20 de mayo, menos de tres semanas antes del inicio de la Copa del Mundo, recibió un llamado telefónico en el que Bilardo le comunicaba, sin preámbulos, que lo había incluido entre los 22. Iba a ocupar la plaza que el entrenador le había negado a Jorge Valdano, quien había sido su compañero en el Mundial 1982. El delantero campeón mundial juvenil en 1979 desempeñaría, con el correr de los minutos, un rol fundamental en el vuelco del partido.

"Me acuerdo siempre de lo que pasó en el primer tiempo, uno suele estar en el banco alentando a los compañeros, y en ese partido nos estaban matando tanto a pelotazos que nadie se movía del banco, nadie tenía fuerzas, ¿qué les ibas a decir? La mete, la mete, la mete...". Eso pensaban todo el tiempo los suplentes: que el gol brasileño era inminente. También los titulares. Y en el palco de prensa, los periodistas brasileños no ahorraban bravatas con sus pares argentinos, a propósito de la increíble superioridad.

Recién cerca del cuarto de hora, la selección argentina logró tener la pelota durante 30 segundos en el campo rival por primera vez en el partido hasta que la perdió Burruchaga y Giusti cortó con falta la réplica.

Dunga o Alemao cortaban en el medio y cedían a Valdo, quien jugaba con inteligencia: esa fórmula no lograba neutralizarla ni a Basualdo ni a Giusti. Si la posesión se hubiera medido por entonces como tan sencillamente se hace en la actualidad, habría dado 80-20 a favor de Brasil.

80-20.

Pero el partido continuaba cero a cero.

Muchos años después, Maradona analizó en la TV aquel momento, aquella media hora de trepidación y angustia.

> Nunca sufrí tanto dentro de un campo. Nosotros no podíamos pasar la mitad de la cancha, Brasil achicaba, nos metían tres contra uno, nos sacaban la pelota y encima jugaban bien, Valdo llegaba siempre. Nosotros éramos un segundo más lentos que ellos, estábamos desesperados porque no podíamos agarrar la pelota.

Si Brasil no lograba imponerse en el marcador, al menos su volante creativo se ganaba los elogios: "Disfrutamos ante la calidad de Valdo...", reconocía el neutral Sanchís. "¡Qué gran jugador! Capaz de galvanizar todo el juego, pese a que Giusti le perseguía intentando controlarlo".

Pero no todos estaban de acuerdo con esa interpretación. Para Zico, estrella del seleccionado brasileño en los Mundiales anteriores, dirá que la falta de creatividad en el mediocampo fue decisiva porque "Careca está acostumbrado a jugar en el Napoli con Maradona a sus espaldas, eso fue lo que faltó". Valdo podía ser un excelente jugador: el partido demostraría, como si hubiese sido necesario, que no era Maradona...

Apenas pasado el cuarto de hora del encuentro, se produce una jugada que, vista en retrospectiva, puede resultar reveladora. Maradona arranca por izquierda, cruza la mitad del campo y aplica un estiletazo, una pelota larga hacia Caniggia, que pica entre Mauro Galvao y Ricardo Gomes para quedar mano a mano con el arquero Taffarel. El juez de línea levanta la bandera, pero el delantero argentino parecía estar habilitado...

"Creemos honradamente que el linier (sic) se precipitó levantando el banderín. Fue una de las pocas veces en que el ataque argentino dio señales de vida", escribiría el neutral Sanchís. "Caniggia era el único punta —al revés que otras veces, más como ariete que por la banda— mientras que Maradona dosificaba sus fuerzas en el centro del campo, donde estaba menos expuesto a sufrir entradas y faltas que le mermaran aún más".

¿Fue un aviso para Brasil?

No fue interpretado de esa manera: enseguida vino un caño de Jorginho a Olarticoechea, que reaccionó cometiendo infracción. "Yo estoy un poco preocupado —dice Pelé- porque van casi 20 minutos y Brasil está desperdiciando las situaciones, Argentina empieza a crecer, está tocando más la pelota".

Goycochea se demoraba en cada saque de meta para encontrar un respiro, y lo que hallará por esa tarea es una tarjeta amarilla.

Otra pérdida de Burruchaga da paso a una réplica brutal: Careca se va por izquierda, cede a Branco cuando éste le pasa por detrás, el centro viene al punto del penal y Dunga, en el área chica, la impacta con el parietal derecho. Su cabezazo se estrella en el palo del atenazado Goycochea. "Se escuchaba el ruido de los palos" -se estremece todavía Ruggeri.

En la TV brasileña, a Pelé lo alteraba cada vez más el trámite del partido. "Argentina está jugando contra Brasil como si fuese Costa Rica —sentencia-. Todos atrás. Este resultado es una injusticia, pero a mí me preocupa el contraataque". Años de fútbol.

Cerca de los 26 minutos, Troglio se escapa y alcanza a entrar al área para sacar un remate débil que acabó en las manos de Taffarel. "¡Eso no puedo suceder!", se quejó

Pelé. Había sido el primer remate franco de la Selección Argentina al arco de Brasil.

El aluvión no cedía: tarjeta amarilla a Monzón por una falta sobre Müller. Era su tercera infracción, la 12.ª de la selección en media hora de juego; un minuto después, otra falta, esta vez de Giusti a Valdo, otra tarjeta amarilla. La selección ya había acumulado tres en media hora.

Pero después de esos treinta minutos de zozobra, a la media hora comenzaron a amainar ambas mareas amarillas, la brasileña y las de las tarjetas. Brasil no solo había desperdiciado suficientes chances para ponerse arriba en el marcador (y por varios goles), sino también media hora de frescura y energía.

Bilardo había decidido cambiar las marcas, no más el hombre a hombre de los *stoppers*, sino marcación en zona de Ruggeri sobre Müller ("lo que estaba sufriendo con Careca era una cosa increíble" contaba el ahora panelista de TV) y de Monzón sobre el centrodelantero.

Argentina conserva más la pelota en su campo, Olarticoechea le corta un contragolpe a Müller y genera la primera sensación de que el asedio se diluía. Se cuenta que Bilardo, en el banco, dijo, "ya está, ya pudimos salir una vez, ahora el partido cambia".

"El equipo está jugando bien, puede ganar el partido, ¿por qué se tira atrás?", se pregunta Pelé. Después de media hora de machacar sin éxito, Brasil prefiere abrir espacios para contraatacar y así generar la ventaja que no había podido producir con un asedio asfixiante.

La selección comienza a cruzar más a menudo la mitad del campo y Ricardo Rocha le comete una infracción a Troglio, que se haría famosa mucho después por lo que ocurrió mientras el partido estuvo detenido (ver Apéndice 1).

El equipo argentino dispone de su primer tiro de esquina a los 40 minutos, cuando Brasil ya había ejecutado cinco. Acaba en un cabezazo de Ruggeri, que sale muy cerca del palo izquierdo de Taffarel, "mientras Maradona, que había sacado el córner, yacía caído en el suelo", escribió Sanchís.

"Ellos merecieron mejor suerte, irse en ventaja al vestuario. Nos pelotearon bastante, si nos hubieran hecho un gol en ese primer tiempo, sonábamos —acepta, fatalista, Ruggeri—. Tenía razón Bilardo cuando dijo que jugábamos como podíamos. Éramos menos equipo que el de 1986 y Brasil era claramente el favorito". Goycochea coincide en que "fue un partido que merecíamos perder".

"En el primer tiempo nos podrían haber hecho dos o tres goles", reflexionó Caniggia 30 años después. "El partido lo podrían haber cerrado ahí, pero..."

Pero el fútbol es el más popular de los deportes porque, entre otros fabulosos atributos, el favorito no siempre es el que gana...

CAPÍTULO 7

UNA FICHA EN EL PAÑO VERDE

En el entretiempo, los periodistas argentinos se miran en el palco de prensa con rostros aliviados de significado unívoco: "¡De lo que nos salvamos!". Los brasileños estaban desconcertados: ya no sobraban tanto a sus colegas, porque pese a las enormes diferencias futbolísticas exhibidas, el partido seguía igualado sin tantos. Otros 45 minutos como esos y habría que ir al alargue y, eventualmente, los penales.

El neutral Sanchís escribiría al día siguiente: "Llegó el descanso y le oímos decir a Pelé: 'Me da miedo que, en el segundo tiempo, en algún contraataque de Burruchaga o Maradona...'. ¡Cuánto sabe el maestro!".

Pelé podía ser una enciclopedia del fútbol, pero esa posibilidad ya estaba cantada. Especialmente porque los últimos diez minutos del primer tiempo le habían permitido al equipo argentino salir del asedio y —afortunadamente— el tobillo de Maradona no estaba mucho peor que como había empezado. Los brasileños podían haber perdido frescura en el inútil desgaste de esa primera media hora, pero Caniggia conservaba cargadas sus pilas."En el segundo tiempo ya entramos distintos, ellos tuvieron un arranque bueno, pero no pasamos tanta zozobra", refresca Ruggeri.

Calderón recuerda bien aquel entretiempo:

El 0-0 no se lo creía nadie, nosotros estábamos todos caídos en el vestuario, esperando a ver qué nos decía Bilardo, pero no nos dijo nada. Cuando nos mandan llamar y vamos saliendo de vuelta al campo, nos para un momento, nos damos vuelta y nos dice: "Ah, y en lo posible, traten de no pasársela a los de amarillo, sino a los de celeste y blanco". Salimos y el segundo tiempo empezó un poquito más equilibrado — concuerda con Ruggeri.

Ese equilibrio no impide que la Argentina vuelva a sentir el corazón en la boca. Tras un centro de Valdo al centro del área que Monzón corta anticipándose a Müller, Maradona es derribado por Mauro Galvao, como último hombre, ganándose una amarilla.

Pero, inmediatamente, Careca corre por la izquierda para escapar a Monzón, lanza el centro al llegar a la línea de fondo y Goycochea, superado, alcanza a pegarle el manotazo al balón, que se estrella contra el travesaño.

Increíble.

La pelota vuelve al campo, Jorginho toca para Valdo, el volante cede un pase atrás hacia Alemao y el rubio volante, como en el arranque del partido, remata fuerte al arco: la pelota vuelve a dar en el travesaño.

Cualquiera que reviva la doble jugada con un cronómetro, verifica de inmediato que entre una y otra intervención de los palos transcurrieron, exactamente, nueve segundos.

Nueve segundos. Dos pelotas en los palos. Nueve segundos. ¡Qué no habrían dicho los fanáticos argentinos si la selección hubiese pegado dos pelotas en los palos en apenas nueve segundos!

Al instante Caniggia ensayó una corrida de 40 metros, perseguido infructuosamente por Alemao, que solo Galvao (otra vez el líbero) pudo conjurar sacándola por el lateral. La profundidad es cada vez más acentuada, a medida que transcurren los minutos. La pimienta está intacta. Mientras, en la pista atlética del borde del campo, Calderón hace ejercicios de calentamiento.

Como Sanchís escribiría más tarde, eso fue un acierto del entrenador argentino: "Francamente, creemos que Lazaroni se equivocó en dos aspectos. Al contrario que Bilardo, que puso en acción a Calderón, el técnico de la Canarinha solo efectuó cambios tras el gol y como medida da desesperada". El otro aspecto, para el periodista neutral, fue "marcar a Maradona por zonas y no asignarle un 'perro de presa' fijo". Con ese segundo aspecto no es posible estar muy de acuerdo: una marca al hombre no habría cambiado nada.

Calderón cambiaría de alguna forma el curso del partido.

> Jugué 30 minutos contra Camerún, y en los dos siguientes Bilardo no me puso, contra la URSS fui al banco, pero contra Rumania ni siquiera eso. En los entrenamientos andaba muy bien y Bilardo, como cualquier entrenador, ve el equipo cómo está jugando y ve los jugadores que están entrenando aparte, y a mí me veía, físicamente estaba muy fuerte, metía goles. Nunca me lo dijo, pero seguramente pensó: "A este hay que ponerlo".

En esa famosa homilía silenciosa del entretiempo, el entrenador había llegado a la conclusión —que verificó luego en el primer cuarto de hora del complemento— de que había mucho espacio para explotar a las espaldas de los volantes brasileños, desgastados por el despliegue, un espacio ideal para que los aprovechase un futbolista fresco. Calderón entró por el vapuleado Troglio, justo un instante después de que Taffarel sacara con esfuerzo al córner un remate de Burruchaga. Transcurrían 61 minutos del partido y esa era la segunda situación de gol que la selección argentina fabricaba: en promedio, una cada media hora.

> Yo no sé si el trámite del partido cambió con mi ingreso. ¿La verdad? No lo volví a ver —reconoce Calderón ante el autor, sentado en el *lobby* del Hotel Hilton de Buenos Aires, más de 20 años después del encuentro—. Sé que jugué bien y la Argentina del segundo tiempo no fue la del primero. Tenía que jugar por la banda izquierda, siempre lo mismo, la instrucción era no perder la pelota, conservar el juego y avanzar. Nos juntamos con el Vasco Olarticoechea y cuando tenía la pelota, manejaba el juego. Entré bien, pero fue una cuestión general, no fue un jugador u otro, el equipo psicológicamente intentó reaccionar y Brasil se cayó un poquito: ellos merecían ganar 5-0, pero después hizo una jugada Maradona y se acabó el partido. Eso es fútbol: no es que queríamos robarle el partido a nadie, queríamos ganar. Y se ganó.

Una curiosidad: como Calderón entró a los 61 minutos, jugó técnicamente 29 (aunque fueron más minutos, a causa del descuento) y el purismo periodístico de entonces no transgredía un límite establecido: futbolista que disputa menos de 30 minutos no es calificado... Por esa razón, *Clarín* y *La Nación* lo ignorarán con prolijidad en sus piezas de actuaciones individuales.

No es el caso de *El Gráfico*, que lo califica con un 7, el mismo puntaje que le daría a Maradona: "La presencia de un volante ofensivo que sabe, que entra a la cancha tranquilo y confiado en sus condiciones. La importancia de un hombre capaz de ordenar, de tocar e ir a buscar. Fue un acierto incluirlo, como fue desacertado sacarlo hasta del banco contra Rumania", lo conceptúa.

El jugador del PSG es otro que se suma a Maradona para buscar al desgarbado Caniggia y el partido definitivamente se empareja, sin brillo ni oropeles.

En el vestuario, tras el partido, el rubio delantero es protagonista del siguiente diálogo:

—¿Por qué jugaste tanto por el mediocampo?

—Porque Bilardo me dijo que era el lugar por el que tenía más posibilidades de meter un contraataque.

—¿Qué te pidió el técnico para el segundo tiempo?

—Que redoblara mi esfuerzo cuando los centrales de Brasil tuvieran la pelota para permitir que Maradona bajara un poco más, ya que lo necesitábamos en la zona central.

Brasil ya no domina, ya no es tan favorito, pero a su entrenador se lo ve absorto, como un observador más que como alguien que puede hacer algo para alterar el curso del partido, y no promueve ningún cambio.

El equipo amarillo se acerca apenas con un cabezazo de Careca, porque un tiro libre en los pies de Branco no causa el más mínimo peligro: el remate se va a las nubes... ¿Qué le está pasando a Branco?

Entonces, a los 70 minutos, con el trámite mucho más enredado, el comentarista radial Alejandro Apo, que apoya el relato radial de Víctor Hugo Morales en Radio Continental de Buenos Aires, pronuncia una frase que se volverá legendaria con los años, por lo profética:

"Caniggia va a tener una situación clara. Fallará o acertará".

En el libro *El último Mundial*, Apo explica cómo le surgió el concepto: "Veía que, en medio de tanta imprecisión, Caniggia estaba muy cómodo. Vi que no perdía la pelota. Y tiré esa frase como se tira una ficha al paño verde".

¿Cómo podía saber que la magia iba a cantarle un pleno?

CAPÍTULO 8

DIEGO Y CANI

El gol lo podés ver cuántas veces quieras. Pero siempre dura lo mismo: entre que Diego arranca en campo argentino y Cani la clava, transcurren algo menos de 10 segundos.

Y aunque lo repitas una y otra vez, a Diego no consiguen bajarlo, los cuatro brasileños que intentan defender con desesperación siempre se agolpan en unos pocos centímetros cuadrados, Cani nunca se apura para definir...

Es un gol histórico, repleto de significado, y que se sostiene tan vivo como aquel 24 de junio: ya pasaron 32 años al momento de escribir este libro y seguimos contando: nunca dejará de poseer esa gracia, esa lozanía, esa vivacidad a la que mucho aporta la risa franca de Cani en la celebración.

En esa cuenta progresiva que nunca se detendrá —y que cada día tornará más impresionante esa conquista—, sus protagonistas dispusieron de numerosas ocasiones para recordar el instante. En una entrevista que Maradona realizó con Víctor Hugo Morales en el programa que ambos llevaban adelante durante el Mundial de Rusia, en 2018, Diego pronunció algunas frases bellísimas.

Y Cani, un tiempo antes, en otro set de TV, le dio lugar a su propia emoción, siempre con los cabellos oxigenados y alborotados, para repasar esos momentos. Que transcurrieron en apenas 10 segundos. Pero que duran una verdadera eternidad.

Diego:

Se había hablado mucho de que Careca y Alemao jugaban en contra mío, que ellos tenían mucho más equipo que nosotros. Brasil venía mejor parado, nosotros teníamos lesionados, algunos jugadores con pubalgia que eran infiltrados, yo con el tobillo que no podía entrar la aguja y le metí la mano... Era un melón el tobillo. Era jugarnos la vida, era un pecado que yo porque tuviera el tobillo en el aire dejara pasar esta oportunidad.

Cani:

"Brasil venía de ganar los tres partidos, habían pasado caminando, jugaban bien... Nosotros, ya perdiendo el primer partido, llegamos mal y casi quedamos afuera. Clasificamos como mejor tercero y enfrentamos a Brasil. El resto es historia (...).

"No había un *foul*, no salía la pelota, no hay un córner como para decir 'muchachos', para acomodar un poco el equipo, cambiemos algo o no sé apretemos más la salida, o juntémonos más, estemos más cerca (...).

"En un momento no había tiempo [de reaccionar], la pelota ni siquiera salía. Porque ellos tocaban y tocaban y cuando vos llegabas ya era tarde, ya la tenía el otro. Y no salía la pelota, no había ni tiempo de hablar. Solamente correr atrás de la pelota".

Diego:

"Me acuerdo cómo sonaban los tiros de los brasileños en los palos, nos preguntábamos cómo hacíamos para pasarlos, teníamos cuatro brasileños que nos rodeaban, que metían, porque Dunga y Alemao no eran ningunos nenes"

Cani:

"En el segundo tiempo ellos pierden un poquito de frescura física y mental. Un equipo que te llega tantas veces y no define... y sabés que estás jugando contra un equipo que tiene figuras y puede reaccionar".

Diego:

"No es cierto que Alemao no quiso pegarme porque era amigo. Se lo digo siempre a los brasileños: el que me tiene que bajar [cometer falta] es Dunga. No es Alemao, a Alemao yo lo anticipo, no tiene ninguna posibilidad ni de agarrarme ni de pegarme".

Cani:

"Era impresionante. Yo he visto a Maradona jugar con lesiones que para otro jugador hubiese sido imposible. Un tobillo así, y justo el tobillo de su 'guante'. Obviamente tenía una recuperación increíble, por eso hizo lo que hizo".

Diego:

Cuando le echan la culpa a Alemao [de que no le comete falta] cuando yo se la tiro adelante, a Alemao lo anticipo y al que le pongo el cuerpo y no lo dejo sacar la pierna es a Dunga. Porque es Dunga el que me tiene que tirar [voltear] a mí. Porque cuando yo paso a Dunga, los tres del fondo achican. Y se me viene toda una marea amarilla que, la verdad, me pregunto ¿qué hago? Y se me va larga y tengo la suerte de que puedo resbalar con la izquierda y pegarle de derecha a ese rayo que había pasado que se llama Caniggia.

Cani:

"Diego hace una jugada espectacular, prácticamente en la mitad de la cancha, arranca de ahí. Pasa uno, dos... ¡no lo voltean! Dunga se le tira al piso, pero no llega a derribarlo, por más que lo empujaras Diego era una cosa impresionante (...)".

"Ahí es cuando yo decido hacer una diagonal. Era la única chance, yo tenía que buscar un espacio, un espacio libre, para darle la oportunidad al tipo que tiene la pelota de que por lo menos pueda meter un pase (...)".

"¡La ve! [Diego] la ve casi cayéndose al piso, en el último esfuerzo, porque sabía que se lo habían llevado y uno [Ricardo Rocha] ya estaba encima de él. Tirándose con su pierna menos hábil...".

Diego:

"Cuando yo vi, desde el piso, desde el suelo, le decía: '¡Pateá! ¡Pateá! ¡Pateá, por favor!' Y no pateaba, no pateaba... Yo decía: 'No, por favor', y cuando abro los ojos, veo que la red hace... [Con la mano, Diego hace señas a la cámara de TV de que la red ondea]. Dije: 'No, no, esto es un milagro, esto es increíble'"

Cani:

Yo [estaba] en el límite del fuera de juego, pero viendo siempre [la posición]. No quise acelerar más porque digo: "Quedo en fuera de juego". ¡Yo sé dónde están los defensores! ¡Yo sé si van a salir rápido o no! Uno lo ve todo eso, aunque sea en una fracción de segundo, sí, lo ve. Quedo adelante de Taffarel. Cuando veo que sale, la verdad, la primera intención fue pegarle. Es fácil, está saliendo, está dejando el arco, si le pego de comba, me tiro un poquito, hago así... Pero después dije no, me está dejando espacio, mucho espacio. Con la velocidad mía, obviamente, la decisión la tomé a último momento. Como me salió mucho, me digo 'tengo mucho espacio'. Y ahí tomo la decisión de gambetearlo. ¡Mirá todo el espacio que tengo! Sabía que no había nadie detrás mío, sobre la izquierda. A la derecha no, había algunos de los que quedaron ahí. La jugada es extraordinaria.

Diego:

Si Dunga no me pegó fue acaso porque no se podía... porque aparte yo lo trabo, lo trabo con la derecha y él no puede sacar el pie para barrerme. Ahí es cuando yo la toco más larga y se me va larga. Me achican los defensores y después Cani define a lo grande porque la verdad es que yo hubiese amagado y pateado. Él no, hizo así, hizo así, enganchó para afuera, lo eludió, la tocó y aseguró con zurda, que Cani con zurda podía tirar un centro, nada más...

Cani:

Algunos dijeron: "No festejó tanto, no fue un gran festejo", y es cierto, no fui nunca de andar corriendo 50 metros para festejar un gol. Yo sabía que faltaban nueve minutos todavía, y que Brasil se iba a venir como un avión. ¿Qué voy a festejar? Festejo hasta por ahí nomás. Faltan nueve minutos, estos tipos pueden reaccionar. Eso no había terminado. ¿qué pasa si festejo, doy dos vueltas, me saco la camiseta y que sé yo si después por diez minutos están adentro del arco nuestro, y no ganás el partido? Era volver a parar el equipo durante nueve minutos, decía este gol lo tengo que defender a muerte. Eso era lo que quería yo: ¡que el partido terminara 1-0 con un gol mío!

Diego y Cani lo contaron magistralmente, con el beneficio de la perspectiva histórica. Pero este es el registro de lo que ocurrió a los 81 minutos del partido de octavos de final de la Copa del Mundo Italia 1990, en el estadio Delle Alpi de Turín, entre el favorito Brasil y la disminuida selección argentina, en diez pasos:

1. Maradona engancha con la zurda frente a Alemao y enciende la carrera para entrar sin permiso al campo brasileño.

2. Dunga pretende cobrarle peaje, pero Diego lo deja rápidamente en el camino, tirado y pronto sin un cobre.

3. De repente, un cuadrilátero de camisetas amarillas por vértices intenta ahogarle el espacio, pero a ese intento desesperado lo desarticula apenas con un toque de su pie izquierdo sobre el balón.

4. Caniggia lo cortina, arrastrando la atención de Ricardo Gomes. Ricardo Rocha, que ya viene forcejeando con Diego, intenta hacerlo caer, pero para ese instante Gomes se ha olvidado de Caniggia porque no puede quitarle la vista de encima a Diego.

5. Cuando comprende que Rocha está a punto de tumbarlo, Diego saca el pase, con la derecha. La izquierda, la del tobillo hecho pulpa, no lo sostendrá en el siguiente paso y el astro aterrizará de manera irremediable.

6. Ahora, los cuatro brasileños ocupan una porción mínima de terreno y mientras Mauro Galvao se lleva por delante a Gomes, Branco corre irremediablemente atrás, irremediablemente lento...

7. Caniggia queda de pronto solo frente a Taffarel: es la ficha que Apo tiró sobre el paño verde. En sus pies está depositada toda la suerte de la selección argentina en el Mundial.

8. Para la pelota con la zurda en la medialuna y espera la salida del arquero.

9. Cuando Taffarel intenta el achique desesperado, lo elude con notable simpleza con un toque de derecha.

10. El arco le queda vacío y la pelota, al alcance de la zurda, en una notable economía de movimiento, y cruza el remate contra la fláccida red del arco turinés, ganándole al cierre de Rocha y de Branco...

Calderón relata lo siguiente en aquella charla ya citada:

> Cuando Diego arranca con la jugada, creo que hice una diagonal, para agarrar otro espacio que había dejado Caniggia, pero con la velocidad de Cani yo llegué tarde, fui a la carrera al desmarque, por si había un rechazo, seguí la jugada, Caniggia salió corriendo para un lado y yo me había desmarcado para el otro. Él arranca de derecha a izquierda, yo venía cerrando, Diego mete un pase espectacular.
>
> Caniggia era un jugador con mucho carisma, simpático, alegre, con mucha personalidad, jugaba los partidos como si estuviera en el barrio, se hacía respetar, pero sin hablar nada, y sorprendía con su desparpajo en el partido. Se reía permanentemente, era calladito, pero en los partidos vos veías que lo mataban, lo mataban y siempre seguía...

"Futbolísticamente, Caniggia rindió más que Diego, pero Diego jugó al 30% de lo que podía rendir, aunque al 30% fue importante para nosotros y también por el respeto que infundía en los rivales".

Vuelve Cani: "El vestuario estaba en el aire. Tremendo. Sabíamos que habíamos superado a uno de los grandes candidatos a ganar la Copa del Mundo"

Lo primero que quiero decir —lo cita *Clarín* a Cani en ese vestuario victorioso— es que fue el gol más importante de mi vida. Estaba esperando un momento así. Tanto yo como mis compañeros. Porque hacía mucho tiempo que a Brasil no se le ganaba. Porque este triunfo nos pone en cuartos de final. Porque casi nadie daba nada por la Argentina. Por los que se emocionaron en nuestro país. Nunca sentí nada parecido en mi trayectoria como jugador.

Y sigue: "Solo un genio como Diego puede hacer esa jugada que hizo y poner ese pase con semejante precisión y sentido de la oportunidad. Me la dejó tan servida que lo único que tuve que hacer fue enfrentar a Taffarel, gambetearlo y definir. Fue un lindo gol".

Más Cani:

La gloria es de todos, obviamente, porque al final fue un partido que nace mal, ya veníamos mal en la zona, entonces nadie esperaba que nosotros pudiésemos eliminar a ese Brasil. Es un recuerdo increíble, un gol... Es un Mundial. No hay cosa más importante para un jugador de fútbol ni más gloria que eso.

Para el final, un secreto, citado por *La Nación*: "Siempre que juego delante de Maradona espero una genialidad. En cualquier momento puede dejarme en posición de gol, como ocurrió con este gol. Le pertenece gran parte del triunfo".

En Argentina Televisora Color (ATC), el canal oficial argentino, el relator Marcelo Araujo lo contó así: "Alemao que no, sigue Diego, picó Caniggia, vamos Diego, ¡lo estaban agarrando! Caniggia, la ventaja, ¡Caniggia, ahora o nunca! El triunfo, Caniggia, gol, goooooooooool argentino, Claudio Caniggia. La Argentina 1, Brasil 0".

En Radio Continental, Víctor Hugo Morales lo relató de esta manera: "La tiene Maradona en el círculo central contra Alemao, escapa Diego, se lleva la pelota Maradona también contra Dunga, ahí va Maradoooona, para Caniggia, tatatatatatata, golgolgolgolgolgolgolgol, gol argentino, Caniiiiiiiiiiggia... después que Maradona mostró que todo roto igual es Gardel".

Pero al partido le faltaban 9 minutos. Nueve-interminables-minutos. Como explica Cassio Guilherme en su obra ya citada:

> Lazaroni abandonó su 3-5-2, cambiando radicalmente el sistema en los minutos finales. Sacó al líbero Mauro Galvao y puso a Renato Gaúcho, retiró a Alemao para la entrada del creativo Silas. Brasil entonces formó un 4-3-3 bastante ofensivo, con apenas un solo volante, haciéndole justicia al fútbol brasileño.

No le servirían de mucho. O peor aún. En su artículo de *Clarín*, Horacio Pagani opinaba que Lazaroni "murió en su ley". Pero no parece que ello haya ocurrido así: en cuanto el resultado lo desfavoreció, el entrenador tiró sus convicciones por la borda, apeló a los cambios, cambió el dibujo... y no le sirvió de nada. Argentina eliminaba a Brasil del Mundial con uno de los tantos más emblemáticos de la historia del combinado argentino (cuyo peso y significado discutiremos "de aquí a pouco", como dirían los brasileños, dentro de un par de capítulos).

Tan afectados están los brasileños que desde el círculo central Basualdo se escapa solo hacia el arco, obligando a Ricardo Gomes a derribarlo, ganándose la roja. Del tiro libre, por poco Maradona fabrica el segundo gol, solo la estirada de Taffarel sacándola al córner por encima del travesaño lo evita, con tanta pericia que Diego lo aplaude mientras camina a tirar el córner.

Luego, Jorginho derriba a Calderón dentro del área, tras una habilitación de zurda de Maradona ("¡Claro que fue penal! —reclama ahora el excampeón mundial juvenil de 1979—. Me abrió con el tapón en la pierna derecha, no para que me dieron puntos de sutura, pero sangró y todo").

También hay un tiempo fatídico para la última situación de gol brasileña, que Müller desperdicia al pegarle a la carrera solo contra Goycochea.

En la TV Globo, Pelé le explica a todo el Brasil que eso que acaban de ver, que causa lágrimas, desazón, furia y angustia, "es la mayor sorpresa en el torneo de las sorpresas, pero un *supercrack* como Maradona, aunque aparezca poco, es capaz de dar vuelta el resultado de un partido".

"No creo que a los brasileños les haya faltado picardía para quedarse con el partido cuando eran tan superiores, ni creo que a nosotros nos haya sobrado picardía para ganarlo. Es el fútbol, Diego jugaba para la Argentina —reflexiona Ruggeri, que se robó parte de la atención tras el pitazo final, yéndose a celebrar con los hinchas argentinos—. Me di media vuelta olímpica yo solo, me salió de adentro, el tema era muy personal, solo yo sabía las que había pasado para llegar hasta ahí".

Para el exzaguero, esa victoria fue "la máxima alegría dentro del fútbol, por lo que representa Brasil, era candidato, la rivalidad, la camiseta, la circunstancia".

Ruggeri nunca cambiaría su camiseta albiceleste, pero Diego no tuvo el menor empacho: "Yo me puse la camiseta de Careca porque fue un monstruo jugando conmigo, aparte un amigazo. Alemao también, un señor. No tengo nada que decir, pero ese día yo les quería ganar", recordó en ese programa durante Rusia 2018, el último Mundial al que asistiría.

En una entrevista que Cristian Grosso le hizo en marzo de 2022, Careca se queda sin palabras para hablar de Diego:Tenía un corazón enorme, era especial. Con la honestidad y la transparencia de amar al prójimo. No tengo palabras. Era un líder muy preocupado por los demás, pero por todos los demás. Luchaba por el que no jugaba, por el que iba al banco, por el utilero y por el masajista. Estaba pendiente de que todos cobraran su sueldo…, era especial. Fue un pecado la forma en la que perdimos a Diego. Un pecado cómo nos dejó, pero ahora está descansando en paz. Tenía 60 años, muy joven para morir. En Brasil lo lloraron, mucho lo lloraron. Él estaba más allá de cualquier rivalidad. No va a existir otro como él".

De vuelta a Turín. Después del pitazo —palabra de Calderón— el árbitro nos vino a saludar a Burruchaga y a mí, que jugábamos en Francia, como para felicitarnos y ver qué nos había parecido su arbitraje. "Bárbaro —le dije yo— pero ¿por qué no me cobró el penal?'. Y él me contestó: "Ya estaba ganado el partido". Me enojé: "No, no estaba ganado, casi nos mete un gol ese Müller, no nos podés hacer eso…". Lo quería matar.

Maradona admitió que no creía en el milagro. "Sabía que Brasil no podía aguantar el ritmo yendo siempre para adelante y que en algún momento íbamos a tener nuestra oportunidad. Por eso jugamos así, como agazapados, porque no estábamos en las mejores condiciones físicas como para ir a enfrentarlos mano a mano".

Fue una de las grandes alegrías de mi carrera deportiva, porque nos daban por muertos —

señala Simón en otra charla con el autor—. Yo había decidido que tenía que hacer algo que valiera la pena haber ido a jugar, algo distinto. "Voy a tirar un caño adentro del área, voy a tirar un sombrero, algo voy a hacer", me había propuesto. Terminé tirándole un sombrero a Careca, la pelota me quedó justo para tirarlo. ¡Qué loco que estaba!, cómo salí jugando del área entre dos brasileños. Después del partido, Diego me cargaba: "Nosotros nos tiramos de cabeza para trabar y vos estás de joda, salís jugando todas las pelotas".

"En el estacionamiento del estadio estaban los dos micros juntos —recuerda Goycochea— y ahí dejamos de celebrar por un instante porque Diego vio que venían también los brasileños. 'Muchachos —nos dijo—, si estuviéramos en el otro micro no nos gustaría que nos festejasen en la cara'".

Al día siguiente del partido, mientras el mundo comenta su hazaña, a Diego le sobraba tiempo para bromear: "Anoche, cuando volvíamos a Trigoria, decíamos con los muchachos que otra vez Dios había venido con nosotros a Turín, se puso la camiseta argentina y anduvo un ratito por ahí..."

En realidad, D10s siempre jugó con la camiseta argentina.

CAPÍTULO 9

RECORTES AMARILLENTOS

Lógicamente, la noticia era la clasificación de la selección argentina a los cuartos de final tras un partido milagroso: la palabra "milagro" se escribió una y otra vez aquel domingo 24 para publicarse al día siguiente: ya vimos que no era aquel un tiempo de redes sociales instantáneas.

Esa conmoción, de manera obvia, puso en un relativo segundo plano el pasaporte a esa clasificación, el gol de Claudio Caniggia. No existía una sin otro, pero las reglas periodísticas eran (entonces, cuando no existía el periodismo digital) inexorables. Sin embargo, es posible rescatar cantos elegíacos a aquella jugada exitosa, concretada por los dos mejores futbolistas de la selección en aquel partido, y que mereció un tratamiento ciertamente especial, cómo se verá:

"¿La verdad? Cani definió magistralmente, pero... ¡qué pelota que le puso Diego, ¿no?!" Eso se leía en el epígrafe de una foto del gol, publicada en el semanario *Solofútbol*. Caniggia había cerrado la maniobra de manera perfecta, pero los medios de la Argentina y el mundo iban a tenerle mucha más consideración a la factura de la jugada por parte de Diego, que a la brillante definición del rubio delantero. Y no estaba nada mal.

Primero, unos títulos:

"La selección, al final, se abrazó a un milagro". (*Clarín*)

"Histórico triunfo argentino" (*La Nación*)

"Acompañamos a la suerte con sangre, sudor y alma". (*El Gráfico*)

"Por gracia recibida". (*Página/12*)

"Todavía podemos". (*Solofútbol*)

"La selección de la era Dunga no supera el arte de Maradona". (*Folha do S. Paulo*)

"Maradona 1, Brasil, 0". (*Jornal do Brasil*)

"Argentina 1, Brasil 0: MARA-MIA". (*The Sun*, Inglaterra)

"Maradona baila la lambada". (*Il Tempo de Roma*, Italia)

"Maradona se ríe del mundo" (*Il Corriere dello Sport*, Italia)

"Brasil, K.O en su mejor día" (*Mundo Deportivo* de Barcelona, España)

Luego, los recorridos por la jugada mágica:

> Era el día para que los impensados imponderables del fútbol pudieran realizar un estropicio en la cancha. Y se dio el milagro. Y hubo un estropicio en la cancha cuando nuestra esperanza era ir al alargue, "anche" penales, era la máxima aspiración porque habíamos llegado poco y nos habíamos

salvado mucho. Y entonces a Maradona se le ocurrió la genialidad que comenzó en campo argentino, tras una pelota que le robó a Alemao. Se fue dejando atrás una patada. Juntó a tres defensores enganchando de izquierda y de derecha tocó para que Caniggia entrara solo por el costado derecho y le pusiera una nota de calidad para el remate de la gran obra. Gambeteó a Taffarel y con el arco libre la colocó a media altura de zurda. Un golazo (...). Ese gol después fue vivido no solo como padre de un gran triunfo, sino como un desquite contra todos. (Juan de Biase, *Clarín*)

Ya no estábamos solamente para aguantar. Podíamos intentar algo más. Algo distinto, algo trascendente. Un minuto más tarde sucedió. Fue explosivo. Sorprendente. Sensacional. El hombre maltrecho y dolorido que caminaba penosamente por la cancha, silbado y abucheado por la multitud, ese Diego Maradona que apenas podía con su alma, se irguió de golpe como iluminado por una voz interior que le ordenaba: "AHORA ES EL MOMENTO... AHORA O NUNCA..." Recibió la pelota en el círculo central. Giró, arrancando como aquella vez del segundo gol a Inglaterra, hace cuatro años. La pisó, dejó en el camino a Alemao. Aceleró. Pasó entre dos rivales, apuntando rectamente al área penal, como en sus momentos más deslumbrantes. Era el genio redivivo. Era el *crack* jugado en el instante decisivo. Pisando el área le salió otro adversario y resolvió como hacen los grandes. La cruzó a la izquierda pegándole con la cara interna de su pie derecho. A su izquierda pasó la ráfaga rubia. Veloz, resuelto, incontenible. Como si recién hubiera comenzado a picar en el partido. Como si en los 78 minutos anteriores no hubiera estado jugando de llanero solitario, solo contra el líbero y los dos *stoppers* de Brasil. Claudio Paul Caniggia definió como lo reclamaba la situación, ese "ahora o nunca" que Diego le trasmitía con su espléndida habilitación. Gambeteó a Taffarel sin importarle que enfrentaba al mejor arquero de Brasil en los últimos 30 años. Porque Caniggia tiene el sello de los atrevidos, los que no le temen ni respetan a nadie, de los que creen en ellos mismos. Sin frenar su carrera la metió de u zurdazo en la red. (Juvenal, *El Gráfico*).

El verdugo parecía haberse evaporado como por arte de magia. Y como por arte de magia, a los 35 minutos, Maradona, casi en el esfuerzo final, aportó lo suyo, tan valioso que significó servirle el gol a Caniggia. Faltaban 10 minutos y los argentinos habían conseguido dar vuelta el fallo de pena de muerte que pendía sobre ellos". (Ernesto Muñiz, *La Nación*)

Maradona, el maltrecho Maradona, no parece un ser humano. Juntó fuerzas quién sabe desde dónde, durante 81 minutos, para construir esa jugada monumental (curiosamente en una posición similar a la de aquella obra maestra que dibujó contra los ingleses en México), para servirle la pelota a Claudio Caniggia. Y Caniggia, que había peleado solo durante todo el partido contra la defensa brasileña, sin suerte, pero con inclaudicable tenacidad, se dio el gusto de encontrarse solo frente al arquero Taffarel. Lo gambeteó hacia la izquierda, metió suspenso, ahogó las gargantas inesperadas y puso el zurdazo que paralizó a un estadio absolutamente adverso. ¿Y qué vamos a explicar? (Horacio Pagani, *Clarín*)

Hasta que llegó la definición genial, la que marcó la diferencia... Entre dos equipos fuertes, parejos en los que nadie parece sacarse ventajas (sic), la presencia de Diego Maradona es un factor desequilibrante, el "arma secreta" con que cuenta la Argentina. Apareció en Italia ante Brasil cuando más se lo necesitaba. Lo de Diego en la jugada del gol fue una de esas cartas sacadas de la galera como solamente él puede hacerlo. Se llevó a toda la defensa brasileña hacia un lado y cuando tuvo a los marcadores en torno suyo metió un pase de precisión milimétrica en los pies de Caniggia, quien sereno como nunca, tomó el tiempo suficiente para levantar la cabeza, mirar a Taffarel, escaparse con pierna izquierda y con un zurdazo cortito al medio del arco lograr el milagro. (*Solofútbol*)

La única bala del revólver de Diego Maradona fue disparada a tiempo, a la hora señalada, hizo blanco en los pronósticos para matar lo establecido y sembrar de dudas el futuro de esta Copa del Mundo (...). El triunfo de Turín se recordará como "el día que nos reventaron a pelotazos y ganamos 1 a 0 con una jugada de Maradona sobre la hora". (Daniel Lagares, *Página/12*)

Con cuatro infiltraciones y un tobillo que de tan inflamado ni siquiera pudo ser cubierto con las habituales vendas, nadie esperaba demasiado de Diego Maradona. Pero cuando arrancó desde la mitad de la cancha y dejó desacomodados a sus marcadores, se encendió la esperanza en los millones de argentinos que esperaban el milagro. La definición ya es por todos conocida: tras juntar a los defensores brasileños varios metros más adelante, le dejó la pelota a Caniggia, quien para no ser menos que su compañero definió de manera excelente. Muchos fueron los que al ver el comienzo de la acción del 10 argentino se acordaron del segundo gol contra Inglaterra en el Mundial de México. No tuvo la espectacularidad de aquel, pero la maniobra de Maradona fue digna de un fuera de serie. (*La Nación*)

El Obelisco comienza a grabar en su corazón puntiagudo y macizo otra historia, este monumento vuelve a ser protagonista. Pero no está solo. Convergen en él las multitudes y se ensalza su figura. Hay tango en la calle, corre un frío envolvente y el Obelisco está allí, con su sentido magnético del fenómeno de masas. La gente que lo engalana cuando la felicidad colectiva desborda, lo ensancha inmortalizando el gol de Caniggia y la jugada de un Maradona 'rengo' por las torturas que le somete su tobillo izquierdo. El gol es grito y se puede observar en el abrazo único entre los protagonistas anónimos. Ese gol se traduce ahora en un rito danzarín por las calles, símbolo de una descarga de tensión profunda. (Roberto Martínez Jr., corresponsal de *Mundo Deportivo* en Buenos Aires).

El descanso entre un tiempo y otro fue percibido apenas como el murmullo de una oración que las muchedumbres rezaban sin dejar de golpearse el pecho: 'somos un desastre'. Pero luego, cuando la mano izquierda inflamada, el pie de Maradona, hizo ese único y desesperado esfuerzo y envolvió en su remolino a cuatro defensores brasileños para dejar a Caniggia solo frente al arquero, el aire contenido en el pecho del país se disparó y el hongo atómico del grito se vio desde la Cordillera de los Andes (Carlos Ares, *Página/12*)

Que el triunfo de nuestra selección frente a Brasil fue realmente uno de los que nos quedarán grabados por el resto de nuestras vidas y una de los más grandes de nuestra historia, no cabe duda. Pero tampoco quedó duda de que el mundo futbolístico se vio sacudido en el momento en que Caniggia 'redondeaba' la genialidad de Diego (*Solofútbol*).

"Brasil no lucía. Pero ganaba. Al cuarto partido jugó bien, pero perdió. Con una de sus genialidades, ya habituales, Diego Armando Maradona hizo caer la guillotina sobre su pescuezo". (Eduardo Rafael, *Noticias*).

¿Ay, si Argentina hubiera tenido delante un adversario en vena de gol! (…) Pero nadie podía imaginar lo que iba a suceder. Y vino lo que tenía que venir. Dieguito hizo una jugada de las suyas, magistral, que prosiguió Caniggia con un gol que ha pasado ya por derecho propio a los anales del fútbol argentino". (Alberto Sanchís, *Mundo Deportivo* de Barcelona)

—Diego, ¡qué golazo de Caniggia!

—Sí, realmente. Fue una de las pocas veces en las que pude afirmarme bien para arrancar en velocidad y dejar a varios brasileños en el camino. Y cuando me estaban encerrando la cambié —de derecha— para la entrada de Caniggia, que definió en forma espectacular y confirmó lo que yo y todos pensamos de él, que es un jugador extraordinario.

(Maradona a Juan Manuel Pons, *Solofútbol*)

Después, análisis a granel y un resultado que no confundía a nadie.

¿Argentina tuvo un premio excesivo? Sí, claro que sí. Pudo haber perdido cómoda si entraba el primero de Brasil. Pero cabe recordar las oportunidades en que, superando a Brasil, perdió. Por esas cosas del azar y por no haber resuelto a tiempo. Y así se estableció cierta 'paternidad' brasileña durante varios años. Este era el partido que le tocaba ganar a un equipo que no estaba para ninguna hazaña, por lo inexplicable que es el fútbol. El resultado no reflejó lo que ocurrió en la cancha. ¿Y qué? No es novedad que sorprenda. Entonces, a cantarle a Gardel. (De Biase, *Clarín*)

¿Qué puede afirmarse de Maradona? En una pierna, disminuida casi en un 50% su capacidad física, hizo lo suficiente: sacar de su galera de mago incomparable la maniobra genial que puso en los pies de Caniggia la posibilidad de lograr el gol. Fue un espectáculo emotivo, propio de dos grandes. Uno, Brasil, con las mejores cartas en su poder; el otro, la Argentina, una suerte de remiendo que se jugó el todo por el todo, inclusive la posibilidad de perder a sus elementos más importantes (...). Seamos sinceros: Brasil mereció más, bien pudo ganar y nadie podría objetar nada. Pero la verdad irrefutable es que en manos argentinas quedó una victoria que abre un panorama ancho, un horizonte más tranquilo. (Muñiz, *La Nación*)

Tantas veces le pedimos grandeza a este equipo y al técnico que debemos, ahora, reconocerles algunos méritos. El primero, saber que a Brasil se le podía ganar solamente de esa manera. El segundo, que hubo respuestas temperamentales para aferrarse a lo poco que se tenía —especular con el miedo de Brasil, pelear el medio, lucha cada pelota, no entregarse cada vez que reventaban los palos de Goycochea— y soportar un asedio memorable como el de la primera hora. El otro corresponde a Bilardo, que cambió la marca de hombre a hombre por el hombre en zona de Ruggeri sobre Müller y Monzón sobre Careca después del estrago que hicieron los brasileños al principio. Y la inteligencia táctica de Giusti para manejar el equipo dentro de la cancha. El resto, fue Maradona. (Lagares, *Página/12*)

"No me considero el único jugador argentino. Hoy tuvimos una gran defensa, un medio campo que metió con todo y un gran Caniggia para definir en el gol. Así le pudimos ganar a un equipazo, porque eso es Brasil". (Maradona a Daniel Arcucci, *El Gráfico*)

Siempre he dicho que Diego Maradona es el mejor jugador del mundo y lo confirmó en Turín contra nosotros. La jugada suya, que dejó solo a Caniggia frente a Taffarel, es un gol que tiene un precio elevadísimo. Nosotros determinamos no ponerle una marca personal, corrimos un gran riesgo y eso nos costó caro" (Lazaroni, según *Solofútbol*)

Brasil podría haber liquidado el partido en el primer tiempo, pero después nosotros nos paramos mejor, nos ordenamos y pudimos llegar tres veces, lo que ocurre es que tenemos jugadores a un 40 o 50%. Y solo estamos para jugar 90 minutos, eso de dije a los muchachos en el entretiempo, y afortunadamente las cosas nos salieron bien. A pesar de todo no puedo dejar de reconocer los méritos de Brasil. (Bilardo, según *Clarín*)

El día anterior al partido me acosté temprano, pero no dormí. Pensaba: será posible que no nos salga una, que no podamos jugar un partido sin mostrar un poco de nuestra capacidad, que justo en el momento crucial se nos haya presentado esta cantidad de lesionados. Por eso les había anticipado que la selección iba a jugarse por entero. Dejé de especular con los lesionados y los puse a todos. Bueno, si alguno no resistía mala suerte, pero si no intentábamos algo así era morir con los brazos bajos. Y se dio. Pudo ser de Brasil, pero ellos perdieron su oportunidad y nosotros no. Maradona hizo lo imposible cuando inventó la jugada del gol. (Bilardo, en su columna para *La Nación*)

"Hemos hecho todo lo posible para ganar el partido y lo único que nos faltó fue el gol. Jugamos bien, creamos 10 o 12 situaciones de gol y no supimos concretarlas. Creo que jugamos bien y debemos seguir en esa ruta. Solamente estoy decepcionado con el resultado, nada más". (Lazaroni)

Maradona (7): Solo un monstruo como él es capaz de salir a la cancha con el tobillo en las condiciones en que estaba. En eso es ejemplo. Está al veinte por ciento de sus posibilidades y ni se le ocurre desertar, está algo más gordo como consecuencia de la falta de entrenamientos derivada a la vez de su lesión y, sin embargo, corre y mete, trata de aportar desde la humildad del capitán que sabe imponer dentro de la cancha. Lejos del genio, más cerca del hombre. De todos modos, una genialidad suya dejando a tres brasileños (sic) en el camino terminó en el pase perfecto con cara interna del pie derecho para que Caniggia convirtiera".

Caniggia (8): ¿cuántos piques habrá hecho en toda la tarde? Imperdonable. No se los contamos. Y no solo eso. Bajó cuando tenía que bajar, se entregó con alma y vida al equipo, tuvo la concentración que tanto se le reclama. Se siente titular y eso lo agranda al punto de llegar al gol sin ser naturalmente un goleador. ¿Recuerda la definición al pase genial de Diego? ¿Recuerda que vino picando en diagonal de izquierda al centro para definir de zurda? Está naciendo la "otra" figura que Argentina necesitaba, tal vez porque creció en seguridad y aplomo. Este es el Caniggia que todos queríamos y que parecía escondido. Así vale la pena. Así es figura en cualquier país del mundo. (Aldo Proietto, *El Gráfico*)

Lo de Diego Maradona (7) es un tema distinto, no podía jugar y jugó, no tuvo la dinámica que lo caracteriza ni el rendimiento de los grandes partidos, pero cuando toca la pelota pasa algo diferente, con la jugada previa al gol alcanza y sobra y, además, ese tiro libre del final que se metía en el ángulo y que Taffarel alcanzó a desviar (...) Caniggia (6) tuvo que pelear solo arriba, 'ensuciar' la salida de los centrales brasileños en absoluta inferioridad y por eso entró poco en contacto con la pelota, pero nunca bajó los brazos y cuando tuvo la oportunidad definió con clase y frialdad". (Pagani, *Clarín*)

"Maradona (6): jugó lesionado. Prácticamente pasó inadvertido hasta que de una excepcional jugada suya surgió el gol del triunfo marcado por Caniggia. ¡Se le puede pedir más en esas condiciones?"

"Caniggia (7): avanzó siempre, contra viento y marea, cercado de brasileños; hasta bajó a defender. Atacó por el centro y él solo se las compuso para desconectar a los adversarios. Magnífico en la definición del gol". (*La Nación*)

Maradona (7). Se las 'arregló' para provocar faltas y recibió siempre en posición incómoda, con dos hombres encima. Intentó jugar la pelota a sacarse el marcador de turno en la jugada personal antes de ceder el balón, como para darle confianza a sus compañeros. Lo suyo en el gol no admite más que elogios de la prensa de todo el mundo, ya que una jugada de ese tipo solo puede nacer en los pies de Diego. Arrancó en diagonal, llevándose a toda la defensa y puso la pelota en la posición exacta para que Caniggia definiera.

Caniggia (8). Espiritualmente, fue el hombre símbolo. Porque luchando en desventaja con tres marcadores que lo seguían a todos lados y con Ricardo Rocha haciéndole hombre a hombre todo el partido, supo llegar a todas las pelotas, saltó, peleó, buscó por los laterales, devolvió correctamente, pidió siempre el balón aun sabiendo que podría perderlo y rubricó su actuación con una perfecta definición en el gol. Fue su mejor actuación desde que forma parte del plantel de la Selección Argentina. (*Solofútbol*)

Claudio Paul Caniggia estuvo muy cerca de quedar afuera del Mundial. El mismo dio su alerta, 94 días antes del comienzo. Dijo, entonces, que todos los domingos debía someterse a la tortura de las infiltraciones para poder jugar. Giovanni Tagliaube, director del equipo médico de su club, el Verona, las justificó y aseguró que su participación en el Mundial no corría peligro si se entrenaba como correspondía. La advertencia alarmó a Bilardo, quien dudó de su responsabilidad en el cuidado de su vida privada. Por eso lo sometió a exigentes test físicos y psíquicos en

Trigoria. Respondió bien y hoy disfruta de la recompensa a ese esfuerzo. (Rafael, *Noticias*).

Los dos Ricardo, (Rocha y Gomes) y el líbero Mauro Galvao trabajaron bien hasta los últimos 15 minutos, cuando se les vino encima la confusión táctica de no saber a quién tomar (...). A pesar de no ser el de siempre, Brasil había dejado una imagen de superioridad total y equilibrios individuales notorios. Esta vez no le alcanzó. (Julio Marini, *Clarín*)

"Mauro Galvao (5): pese a los escasos ataques argentinos, muchas veces se complicó, sobre todo con Caniggia". (*La Nación*)

Resultó muy extraña la actitud del público local. No hablemos de los brasileños, que alentaron a los suyos, como es lógico, pero en forma correcta, sin provocar desmanes, tal es su costumbre en estos amantes puros del fútbol. Pero lo de los italianos, totalmente identificados en su actitud en contra de los argentinos, resultó incomprensible (...) Porque los argentinos nunca apelaron a actitudes desleales y si bien pusieron pierna fuerte, eso forma parte del juego. Sin embargo, los turineses, amplia mayoría —los argentinos, prácticamente no pasaban de mil— no hicieron más que reprobar toda maniobra de nuestro seleccionado desde el principio al final. Y eso no tiene explicación, además de haber dolido. (Eduardo Dakno, *La Nación*)

Por esos motivos —pobrezas futbolísticas— este equipo no jugó bien contra Rusia (sic) ni contra Rumania. Tampoco, obviamente contra Brasil. Por esas razones, de todo ese andamiaje teórico solo quedan ahora el azar, los postes salvadores, otra mano de

Maradona, la patriada individual, el fervor a veces, la depresión anímica otras, la fe en el milagro... (Tomás Sanz, *Humor*)

"No sé si el triunfo fue justo, porque Brasil creó más situaciones y controló mejor la pelota. Pero había que ganar o ganar, y se ganó". (Julio Olarticoechea en el vestuario vencedor)

Dominamos el encuentro, ofrecimos un buen juego y espectáculo, estrellamos tres balones en los postes, pero en ningún caso fue gol. ¡Es increíble! Inaudito. En México caíamos ante Francia en los penales tras un partido igualado, pero Argentina llegó una sola vez al arco y lo aprovechó. El fútbol es así, pero hay días en que esto es difícil de admitir. (Antonio de Oliveira, Careca, en el vestuario perdedor)

"Diego Maradona hizo seis jugadas y una de genio. Dunga y Alemao le pegaron 30 veces. No les alcanzó. Ganó Maradona". (Armando Nogueira, *Jornal do Brasil*)

Fue injusto. Brasil tuvo las mejores oportunidades a pesar de no jugar con su estilo, el técnico Lazaroni puso a ocho jugadores a defender, mientras que la Argentina obtuvo la victoria solo por su oportunismo. Espero que no gane el Mundial así, porque no es el oportunismo la virtud más destacada en el fútbol, prefiero la generosidad. (Francis Huertas, *France Football*)

"Como conjunto, Brasil fue más compacto y sólido, aunque no contó con un jugador desequilibrante como Maradona". (Alcides Ferreira Jr, *Folha do S. Paulo*)

Brasil debió ganar. Fue el único que creó algo. Jugó mucho mejor. En cambio, la Argentina lo hizo muy mal. El equipo campeón del mundo está integrado por un genio como Maradona y diez jugadores más, que no importan quiénes puedan ser. Basta que esté Maradona para producir la diferencia. (Douglas Cress, *The National*, Estados Unidos)

Es necesario repensar nuestro fútbol. Desde el fin de la era Pelé, el fútbol brasileño parece incapaz de modernizarse, mientras Europa y la Argentina progresan en la revisión de los calendarios y, principalmente en la profesionalización de los dirigentes, paternalistas y culpables de entregar la camiseta de la selección a los más mimados especímenes de jugadores, incapaces de asimilar la necesidad de profesionalizarse, manteniendo actitudes arrogantes" (Juca Kfouri, *Placar*, Brasil)

En su regreso a Brasil, los jugadores y el cuerpo técnico fueron hostilizados en los aeropuertos por los fanáticos, que les tiraron monedas, acusándolos de mercenarios. El técnico Sebastiao Lazaroni fue el más acusado por el fracaso en el campo y, desde entonces, tuvo las puertas semicerradas en el mercado de fútbol brasileño, de manera que precisó continuar casi toda su carrera en el fútbol árabe y europeo. (Cassio Guilherme, "¿Por qué perdimos?").

CAPÍTULO 10

LA DIMENSIÓN HISTÓRICA DEL GOL

Rosario, 18 de junio de 1978. La Argentina y Brasil igualan 0-0 en el segundo partido del grupo B de la copa del Mundo. Ambos seleccionados vienen de ganar sus primeros compromisos en esa segunda fase del certamen (2-0 sobre Polonia y 3-0 sobre Perú, respectivamente), y la categoría del encuentro se percibe como una semifinal anticipada. No cabe duda: quien se imponga en este encuentro, aunque luego falte disputarse un partido. Y esa tensión se vive con aspereza en el césped. El choque es violento, nervioso, desagradable, pobremente jugado.

Hasta que en el minuto 36, Leopoldo Luque pelea la pelota contra dos rivales en el centro del campo, y Daniel Bertoni que viene a la carrera se la lleva a fondo, dejando atrás a Edinho. Llega al borde del área y advierte que Luque entra por el primer palo, marcado, pero que por el medio del área ingresa, completamente libre, Óscar Alberto Ortiz, perfilado con su zurda.

Bertoni saca un centro rasante, bajo, con su pierna derecha, por detrás de Luque, y Ortiz se va a encontrar con el balón precisamente en el punto del penal. Es una cita perfecta. Viene a jugar el rol de un tiro penal en mo-

vimiento. Entonces, el puntero izquierdo calza la pelota con la cara interna de su zurda cruza el remate contra el movimiento del arquero Emerson Leao, que venía a cubrir el centro del arco, y la pelota ingresa junto al primer palo. Gol. Gol argentino. Gol, triunfo, ahora solo se necesita una victoria por cualquier resultado ante los peruanos para ser finalista... el gol de Ortiz pasará a la historia como el que dejó afuera de la final a los brasileños...

Solo que es, como le diríamos ahora, una *fake news*. Una noticia falsa. Como dirían los entrenadores actuales, Ortiz tomó una mala decisión: no la cruzó con la cara interna, sino que le pegó con la externa, acompañando la cantidad de movimiento que traía el balón en lugar de recortarlo. Esa cierta displicencia provocó que, en lugar de cruzarse, la pelota siguiera parte de su trayectoria hacia el segundo palo y, definitivamente, lo lamiera por afuera, perdiéndose fuera de juego, cuando la estirada de Leao ya era inútil. Al rato, Ortiz fue reemplazado por Norberto Alonso.

El gol no facturado de Óscar Ortiz pudo haber sido el antecedente más válido del tanto de Caniggia. ¿Le habría quitado brillo? No lo sabemos, porque aquel gol no existió, nunca se gritó, y la jugada quedó olvidada salvo por algunos pocos nostálgicos.

Pero esa certeza de lo que pudo ser y no fue conduce a una discusión interesante: ¿Qué lugar ocupa el gol de Claudio Caniggia a Brasil en la historia de la selección argentina?

La significación histórica del tanto, siendo enorme, merece un estudio más profundo que el que proporcionan los panegíricos habituales. Es un gol decisivo en una Copa del Mundo, pero la selección argentina ya lo había marcado antes e, inclusive, con un peso superior: los goles de Mario Kempes a Holanda en la final de 1978 o el de Jorge Burruchaga a Alemania Occidental en el partido decisivo del Mundial 1986 (sin obviar el cabezazo de

José Luis Brown o el disparo cruzado de Jorge Valdano, como tampoco el remate bajo de Daniel Bertoni ocho años antes) poseen un carácter indudable, siendo los goles que transformaron el sueño de un título mundial en una realidad tangible.

Se podría argumentar que el tanto de Caniggia encierra una semántica especial en tanto el rival: fue un gol que eliminó a Brasil, el clásico rival sudamericano, del Mundial. Esa afirmación es incontrastable. Sin embargo, no lo vuelve más trascendente que el segundo gol de Diego Maradona a los ingleses.

El calibre del rival es del más alto nivel: un gol argentino a Brasil o a Inglaterra en los Mundiales paga más que a cualquier otra escuadra, o al menos eso es lo que juzgan los hinchas.

La belleza del gol de Diego —aquella jugada frustrada en Wembley durante 1980, recalculada y bien resuelta seis años después— no admite comparación estética. No selló un Mundial, ni siquiera la clasificación para la final (de eso se encargó otro fabuloso gol del astro contra los belgas entrando con gambeta en diagonal y dejando atónito al arquero Pfaff), pero discute en el plano de los goles más exquisitos de la historia completa de los Mundiales.

Una teoría bastante difundida, lejos de ser científica, pero imbuida de esa sabiduría que brinda el haber visto miles de partidos de fútbol a lo largo de décadas y décadas, sugiere que el gol de Caniggia es, exactamente, el gol de Diego a los ingleses, pero sin los últimos 20 metros. "Víctor Hugo (Morales) dice algo muy bello al final del partido", explicó Alejandro Apo en *El último Mundial*. "Maradona hizo casi la jugada contra Inglaterra, pero le faltaban 20 metros y se los pidió a Caniggia. Caniggia fue y le hizo caso. Hacelo vos que yo no puedo".

Otra vez volvemos a lamentar el sesgo de la tecnología. Quizás alguno de esos goles legendarios de Norberto *Tucho* Méndez contra Brasil podría competir en calidad y belleza con el tanto de Turín. ¿Quién sabe? Aquellos que lo vieron en el estadio ya no lo pueden describir.

No faltan ejemplos, de todas formas, de goles decisivos contra los brasileños. En definitiva, con un historial tan apretado después de más de un siglo de intermitente competencia, es inevitable que unos cuantos de esos 164 tantos que el arco brasileño sufrió como caída haya adquirido una notable dimensión.

Dejemos de lado por un rato aquellos que solo podemos suponer que, acaso, resultaron geniales: Onzari, De La Mata, Masantonio, Sastre, Pedernera, Martino, Sanfilippo... son casi medio siglo de gloria albiceleste.

Pero sí se puede señalar la tremenda importancia de los dos tantos de Roberto Telch que sellaron la conquista de la Copa de las Naciones de 1964; los tantos de Óscar Más y Marcos Conigliaro en el Beira Río en 1970, el tanto de Ricardo Gareca en la Copa América de 1983... todas conquistas previas al logro de Caniggia en Turín.

Después es más fácil recordarlos o repasarlos en las redes sociales: los goles de Darío Franco y Gabriel Batistuta en la victoria 3-2 que abrió el camino hacia la conquista de la Copa América de 1991 en Chile; el agónico golazo del Piojo Claudio López en el Maracaná, a dos minutos del final, en un amistoso en abril de 1998 y, sin duda, los dos goles más bonitos en los enfrentamientos contra Brasil desde 1990.

El primero, el que le convirtió Juan Román Riquelme en el Monumental, en un partido por las Eliminatorias para el Mundial de Alemania. Aquel 8 de junio de 2005, ese tanto fue el segundo de la categórica victoria 3-1, que el hincha genuino recuerda como un verdadero baile al muy poderoso Brasil de Ronaldinho y Kaká, un triunfo que automáticamente clasificó al equipo argentino a la Copa del Mundo.

Román bajó una pelota con el taco para Javier Mascherano, esperó el pase de Luis González, recibió de espaldas fuera del área, enganchó, se sacó de encima a Roque Junior mientras preparaba el remate para su zurda y disparó seco, al ángulo: la toma de la cámara de TV situada detrás del otro arco muestra cómo la pelota se va alejando inevitablemente de las posibilidades de ser rechazada por el arquero Dida. Es un gol inexorable.

(Ciertamente, tres semanas más tarde se tomaron revancha ganándonos la Copa Confederaciones en Frankfurt y por goleada... pero ese resultado no es pertinente a este análisis).

El segundo es el que anotó Lionel Messi en el amistoso del 9 de junio de 2012 en New Jersey (Estados Unidos), un partido mucho más fresco en la memoria porque Messi es el jugador por excelencia de las redes: todo lo que hace en la cancha —desde sus furiosas corridas infantiles hacia el arco rival hasta los últimos movimientos con el PSG o la selección— está grabado, publicado y conservado.

A menos de 20 minutos del final, este Brasil de Neymar y Hulk ganaba 3-2: los dos tantos argentinos habían sido anotados, por su puesto, por el rosarino. Después del empate de Federico Fernández, que salvaba el honor, a los 39 m Messi arrancó después de una gambeta en la banda derecha con una de esas carreras frenéticas en diagonal en la que los rivales lo ven pasar como un jet a punto de despegar: cuando Juan quiso encimarlo acercándose al área, el astro, que parecía conducir el balón con ambos pies en sucesión, sacó un zurdazo cruzado al ángulo superior que siempre pareció inatajable. Un gol bellísimo y decisivo, aunque fuera en un amistoso y no en un partido de Eliminatorias como el tanto de Riquelme.

El estudio no se acaba allí: ¿cómo olvidar el tanto de Ángel Di María para ganar la Copa américa en el Maracaná? Ese gol bendito es comparable en calidad con los de Riquelme y Messi, aunque sea menos espectacular. Pero su valor es realmente mucho más integral. Significó un título continental, en el hogar del rival clásico y es, al momento de ensayar este estudio comparativo, el último gol anotado por la selección argentina en el historial contra Brasil. No es preciso recordarlo con lujo de detalles: pelotazo largo de De Paul, el rosarino la acomoda con la cara externa del pie izquierdo y, ante la salida de Ederson, le tira un sombrero con la misma zurda.

Goles extraordinarios en los Mundiales, como el de Esteban Cambiasso a Serbia y Montenegro en el Mundial 2006, tras 27 toques, o el bombazo de zurda voleada de Maxi Rodríguez contra México en esa misma Copa del Mundo, merecen una consideración. Tantos como el de Diego a Grecia o el de Caniggia a Nigeria en Estados Unidos 1994; el de Carlos Tevez contra México en Sudáfrica 2010; los de Messi contra Irán o Nigeria (de tiro libre) en Brasil 2014 o los fantásticos goles del Fideo Di María contra Suiza (en Brasil) y contra Francia (en Rusia 2018).

Vale la pena revivirlos a todos en Youtube, porque podrían ingresar en una categoría similar. En este caso, sin embargo, la belleza sucumbe ante la eficacia. Son goles ideales para revivir meramente desde el placer estético, como para refrescar saludablemente la certeza de que el fútbol argentino puede elaborar momentos de alto contenido artístico. Sin embargo, aunque su trama (estética) no empalidece, su significación histórica, sin duda, no es la misma que la de goles más trascendentes o decisivos.

Es interesante, incluso, comparar dos goles consecutivos de Caniggia para dimensionarlos con precisión: al ya diseccionado tanto contra Brasil le siguió el fabuloso cabezazo contra Italia, el local y amplio favorito para ganar aquella Copa del Mundo, en una de las semifinales del torneo. Ese gol fue decisivo para que la selección argentina alcanzara la definición por penales que terminó depositándola en la final. Ese gol de cabeza, en sí mismo, no tuvo el efecto que sí causó el zurdazo contra el arco vacío de Taffarel, pero, logrado en una instancia más avanzada, su trascendencia no puede considerarse menor. Claro, adolece de la jugada previa de Diego... y entonces es inevitable que no genere similar emoción.

¿Es entonces el gol en Turín el más festejado de los últimos años, como postulan algunos? "Es un gol que todos llevamos en el alma", sugiere Apo. Es un gol fabulosamente celebrado por una suma de circunstancias: el rival, las circunstancias, el *timing*, la dimensión heroica de la participación de Maradona, la bellísima definición... Es el gol que todo hincha sueña con tal de amargarle la vida al rival.

No es tan extraño pensarlo cuando se recuerda el famoso estribillo de Brasil 2014, el que los hinchas argentinos cantaban por las calles de Brasil para incredulidad de los locales: El "Brasil, decime que se siente" posee una referencia ineludible al gol de Caniggia: "Que el Diego te gambeteó, que Cani te vacunó, que estás llorando desde Italia hasta hoy". La promesa de que "nunca nos vamos a olvidar" también sugiere una perpetuidad temporal que difícilmente posean otros goles, aunque los años transcurran y se sigan sumando gritos y festejos.

Al propio Caniggia lo consultaron en 2005 por la gravitación histórica de su gol: "Me pone orgulloso —reconoció— Yo lo disfruté mucho. Pero ojalá que haya un gol argentino contra Brasil más celebrado que ese". Ya vimos que los de Riquelme y Messi contra Brasil fueron los dos más bonitos que siguieron a aquel de Turín, pero, sin duda, no fueron celebrados por los hinchas con la misma frenética intención.

Sin embargo, es por lo menos discutible pensar que el tanto de Cani se haya festejado más que el golazo de Diego a los ingleses...

Un paso más allá: ¿Es arriesgado afirmar que el gol de Claudio Caniggia es un *top*-10 en la historia de la selección argentina? El riesgo se enmarca en esa parte de la historia que la tecnología no nos legó. Pero si se acepta como válido el recorte que produjo la masividad de la televisión y el advenimiento de las redes sociales, no es difícil calcularlo. No todos los goles que la Argentina conquistó en las finales que acabó ganando, en 1978 y 1990, exprimieron la tensión que sí produjo este gol en cuestión. Los de Riquelme y Messi, fabulosos y lapidarios, no alcanzan la estatura institucional del que convirtió Di María en 2021. Y en el panorama de sumas y restas, el gol de Caniggia se mantiene como un faro porque en el fondo representa la parábola más perfecta del fútbol. Un juego sin la más mínima lógica. En el que todo puede ocurrir. Inclusive, que un equipo diezmado, asediado y desahuciado, venza a un rival más potente y capacitado. Un rival que, para colmo, es su clásico rival. Y siempre lo será.

APÉNDICE 1

¿QUÉ HABÍA EN EL BIDÓN?

Minuto 39. Brasil domina con suficiencia el partido contra la Argentina, aunque no puede vencer la valla rival, cuando el zaguero brasileño Ricardo Rocha le comete falta a Pedro Troglio a la salida del círculo central. Mientras el árbitro francés Joel Quiniou le muestra la tarjeta amarilla al jugador brasileño, el médico de la selección argentina, Raúl Madero, ingresa al campo a asistir al jugador caído, acompañado del masajista Miguel *Galíndez* Di Lorenzo, quien abre la heladerita que porta consigo para darle un envase verde a Ricardo Giusti. Llega Pedro Monzón a la escena y toma otra botella verde de la conservadora. Galíndez reacciona, y Monzón escupe inmediatamente lo que había bebido. Tapa el envase, lo devuelve al recipiente, y saca una botella transparente, con agua. Giusti sostiene el envase verde en su mano, y se acerca a Claudio Ibrahim Vaz Leal, Branco, uno de los laterales brasileños. Branco acepta el convite, se refresca la cara con el líquido que extrae de la botella y luego bebe del contenido... En ese momento, a algunas decenas de metros, Carlos Bilardo sale disparado del banco de suplentes, repitiendo una extraña letanía: "¡Picó, picó, picó...!" golpeando los nudillos de los dedos de su mano derecha sobre la palma de la izquierda, mientras los futbolistas suplentes lo miraban azorados sin comprender lo que estaba sucediendo. Madero y Galíndez abandonan el campo. El juego se reanuda.

Dos minutos más tarde, se produce la falta de Alemao a Maradona sobre la banda derecha que desembocará en la única jugada de gol de la Argentina en todo el primer tiempo. Pero antes que eso suceda, vuelven a ingresar al campo Madero y Galíndez. A Diego lo rodean, además, Giusti, José Basualdo y Jorge Burruchaga... y un curioso Branco que pretende ver que hay dentro de la conservadora del masajista. Giusti se le interpone, para dificultarle la pesquisa, y Burruchaga toma otra botella verde y simula que bebe... pero no sale ni una gota del recipiente. Basualdo sí bebe, pero de una botella transparente, de las que contienen agua. Troglio cobra la falta, Ruggeri salta en el área chica y cabecea desviado.

Apenas bajó la euforia por la victoria sobre Brasil, la misteriosa escena de las botellitas pasó a ocupar el centro de la atención. ¿Se había hecho caer al brasileño Branco en una trampa, dándole de beber alguna sustancia dañina?

No es real que el tema tardó años en salir a la luz, como se ha pretendido para minimizarlo. Dos días después del partido, *Mundo Deportivo* de Barcelona publicó el siguiente recuadro:

"El masajista argentino me dio agua con sabor extraño".

Las acusaciones de Branco.

"Quedé como atontado y a Maradona no lo dejaron beber del mismo recipiente".

"El jugador brasileño Branco lanzó unas fuertes acusaciones en un medio informativo contra el colectivo argentino, después de la derrota sufrida por su equipo en la Copa del Mundo".

Según Branco, un masajista de la selección argentina pudo doparlo en el primer tiempo 'cuando me ofreció agua con un sabor extraño, que me dejó atontado durante el resto del partido'. Branco recalcó que, en otro momento, cuando dicho masajista entró al terreno, 'le impidió a Maradona beber del mismo recipiente'.

"Otros jugadores brasileños sugirieron la posibilidad de que los argentinos 'se habrían dopado antes del partido, porque en el segundo tiempo ya no tenían fuerzas, tal vez porque abusaron de ellas en la primera parte', comentaron algunos".

Como el último párrafo resulta un auténtico disparate, dado que los brasileños citados parecen estar hablando más de sí mismos que de los argentinos teniendo en cuenta cómo se dio el trámite del partido, no es difícil tampoco relativizar los dos primeros párrafos. Pero lo cierto es que la denuncia informal estaba hecha. Aunque no era menos concreto que Argentina seguía su camino en el Mundial y Brasil se volvía a Sudamérica.

La cuestión nunca dejó de flotar. El avieso cronista de uno de los medios más poderosos de la época escribió su reporte con una sospechosa ambigüedad. "(Bilardo) me dijo casi al oído: 'algo voy a inventar, no sé qué, pero algo será: este partido con los brasileños tenemos que ganarlo, ya vas a ver...' Me quedé con la confesión sin compartirla", anotó como sugiriendo que conocía el complot (porque se lo habían contado o lo había averiguado por su cuenta), pero sin afirmarlo directamente, acaso en la especulación de que, si la cuestión tomaba estado público, podía vanagloriarse de haber sido uno de los que lo sabían con antelación.Si el dudoso colega conocía la trama, la mayoría del plantel no estaba al tanto. En la noche del partido, mientras los jugadores veían en televisión las repercusiones del triunfo, presenciaron una entrevista a Branco, grabada tras el partido, en la que el

jugador brasileño cabeceaba y cerraba los ojos. Alguien que estaba mirando gritó "¡ahí se cae, ahí se cae!", se generalizaron las risas y los que conocían la historia la revelaron a sus compañeros.

En 2005, quince años después del partido, el tema recuperó vigencia cuando Maradona afirmó abiertamente en un programa de televisión: "Alguien picó un Rohypnol y se pudrió todo..."

En Brasil mordieron el anzuelo. "En aquel momento nadie me creyó", reaccionó Branco. Pensaron que era una excusa por la eliminación, gracias a Dios, la justicia tarda, pero aparece. Esperemos a ver qué hace la FIFA".

La FIFA, desde ya, no hizo nada. ¿Qué podía hacer? Un análisis de orina de Branco —la única manera de probar la acusación— estaba fuera de toda posibilidad quince años después.

Julio Grondona, titular de la AFA y en 2005 ya presidente de la FIFA, sacó a relucir una vez más su habitual ironía: "Va a haber que ir a buscar al bidón para que hable", se mofó. Luego, con todo serio, agregó: "Honestamente, espero que llegue la protesta para contestarles como corresponde".

Muchos futbolistas de aquel plantel evitaron referirse al tema, pero otros lo reconocieron, inclusive con disgusto: "El bidonazo quedó para la historia", señaló Julio Olarticoechea en una entrevista con el diario Olé en 2020. "Era algo muy del equipo, que no tendría que haber salido. Lamentablemente, lo sacaron a la luz. No estoy de acuerdo, pero lo que pasó, pasó. No por ese detalle le ganamos a Brasil. Pero no me gustó mucho ese tema".

Esa admisión ni siquiera era novedosa. En aquel enero de 2005 en que Maradona reflotó el tema, José Basualdo aceptó en una conversación con *La Nación* que "la historia es cierta. Después de una lesión nos acercamos y Galíndez nos dio unos bidones. Yo tomé de otro, pero Branco se llevó el que tenía la sustancia somnolienta. Justo él, que ejecutaba los tiros libres".

Ese mismo año, Juan Simón declaró al diario *Olé*:

> Yo no sabía nada. En la cancha estaba en bolas con lo del bidón. Había cinco que lo sabían y el resto no. Y cuando vimos a Branco (aquella noche en la entrevista televisiva referida) empezaron a contar la historia de cómo había sido el tema. La otra es la que cuenta el técnico, que lo niega, pero no quiero entrar en polémicas.

También como consecuencia de los dichos de Maradona, la consulta alcanzó a Caniggia: "¿La verdadera historia del bidón? No sé. Para mí se exageró mucho con ese tema. Yo no me acuerdo demasiado. Después del partido corrió esa versión, pero no sé si fue verdad. No le di bola. Quizás (Diego) sabía algo que yo no".

El contenido de aquella botellita incluía dos comprimidos disueltos de un poderoso ansiolítico miorrelajante a base de bromo. Ese le fue revelado al autor por un futbolista del plantel que integró aquella selección menos de un año después de ocurrido el episodio.

Después de la revelación de Maradona, Grondona afirmó que el astro no estaba "en su sano juicio, quiso hacer un chiste y le salió mal". El dirigente bromeó con ir "a buscar al bidón", pero a quien fue a buscar, tres años más tarde, fue a Maradona, al que había tratado de insano, para contratarlo como entrenador del equipo nacional.

En ese momento, Bilardo intentó despegarse. "¿Maradona dijo eso? ¿Y dijo quién fue? Yo no digo que haya pasado. No sé, no sé", lo citó la revista *Veintitrés*.

Curiosamente, por esos días Sebastiao Lazaroni hizo una declaración interesante:

> Bilardo me llamó por teléfono y me dijo que hubo una mala interpretación. Pero varios jugadores me lo habían dicho. Óscar Ruggeri se lo contó a varios jugadores brasileños en 1994 y Maradona habló recientemente. La FIFA tiene que tomar una medida ejemplar. No importa si pasaron 14 días, 14 meses o 14 años. Deben llamar a declarar a Grondona".

Branco intentaba conmover cuando percibía que el tema pasaba de largo:

> El jueguito del bidón pudo haber acabado con mi carrera. ¿Se imaginan si después de ese apartido me convocaban para el control *antidoping*? ¿Cómo habría explicado la presencia de esa sustancia en mi organismo? Lo que me hicieron fue irresponsable, nada profesional y pudo tener consecuencias terribles.

Treinta años después del partido, Lazaroni había cambiado su punto de vista: "Branco estuvo mal en serio, en varios pasajes del partido me dijo que se sintió mal y una vez terminado debió atenderlo el médico. Bilardo tiene méritos mucho más importantes que un bidón, es un técnico campeón del mundo y eso lo enaltece".

La fama del controvertido episodio ha trascendido las épocas; algunos lo consideran una picardía, otros una muestra de mala fe deportiva. Tras la visita de la selección argentina al Vaticano, en agosto de 2013, para saludar al Papa Francisco, una ocasión en la que la máxima autoridad eclesiástica se fotografió con Grondona y con Bilardo y con la frondosa delegación de dirigentes que concurrió, Diego Bonadeo, un crítico acérrimo de ambos, escribió que la ocasión había sido propicia para que se canonizara al ex DT de la selección que 23 años antes había realizado el milagro de convertir agua en vomitivo…

"Yo tuve problemas serios, después de que bebí comencé a sentirme tonto. Fue una trampa. Pudieron haberme causado problemas de salud a futuro. Además, eso pudo haber saltado en un *antidoping*, podría haber recibido una durísima sanción sin posibilidades de defensa", declaró al poco tiempo Branco, que efectivamente supo qué había sucedido en la previa de un amistoso entre la Argentina y Brasil, en marzo de 1994, en Recife.

Ruggeri integraba ese equipo que dirigía Alfio Basile y el masajista seguía siendo Galíndez.

—¿Es cierto que usted le sugirió entonces a Branco que le preguntara a Galíndez qué tenía la botellita?— le preguntó el autor al exzaguero en esa entrevista de 2013.

—Je, je, Branco es un amigo. Yo lo cargaba, le decía: "Branco, no hay que tomar agua de los contrarios".

Esa parece haber sido la dudosa enseñanza moral que el fútbol pretende haber adoptado tras el episodio: No tomar el agua de los contrarios…

APÉNDICE 2

BRASIL O, ARGENTINA I: EL REPORTE TÉCNICO DE LA FIFA

Dominio brasileño: como era de esperar, Brasil tomó la iniciativa, ya que Goycochea negó el esfuerzo inicial de Careca. Brasil siguió atormentando a la defensa argentina, creando oportunidad tras oportunidad. Rocha falló una ocasión promisoria frente a la portería, antes de que Dunga cabeceara un centro de Branco contra el poste. Argentina claramente careció de intensidad y perdió la mayoría de los balones divididos. Se escuchaban abucheos y silbidos cada vez que Maradona tocaba el balón, algo que el héroe del Napoli debió esperar en el estadio de la Juventus. Además, enfrentó la presión incesante de los brasileños, quienes frecuentemente le cometían faltas cuando no podían despojarlo. En consecuencia, Argentina representó una amenaza muy pequeña, con el cabezazo desviado de Ruggeri como una de sus raras oportunidades.

El silencio de Bilardo: Cuando los jugadores argentinos se sentaron en su vestuario esperando la charla del equipo en el medio tiempo de parte de su normalmente locuaz entrenador Carlos Bilardo, fueron recibidos con silencio. De hecho, solo cuando los jugadores estaban a punto de volver al campo, les dijo: "Muchachos, si siguen

jugando así, regalando la pelota, definitivamente perderemos".

Mejora marcada: el mensaje de Bilardo debe haber llegado, ya que sus dirigidos se vieron mejor en la segunda mitad. Es cierto que Brasil continuó dominando los procedimientos, pero sin amenazar realmente a Goycochea. Poco a poco, Maradona, que arrastraba una lesión en el tobillo, y sus compañeros fueron encontrando el camino hacia el gol. Primero Burruchaga abrió espacio y obligó a Taffarel a empujar su disparo a córner, luego Calderón estuvo cerca, solo para ser rechazado por Gomes.

Drama tardío: cuando el juego entró en los últimos diez minutos, Maradona, de alguna manera, encontró una manera de superar su lesión, los constantes abucheos y, lo que es más importante, la gran atención de la defensa de Brasil. Al recibir el balón en un centro del campo abarrotado, esquivó los intentos de Alemao y Dunga de derribarlo. Mientras se abría camino hacia el último tercio, atrajo a tres defensores, que esperaban que se dirigiera a la portería. Sin embargo, en un momento de genialidad, optó por hacer un pase con la derecha a Caniggia, que eludió al portero para marcar el gol de la victoria.

Argentina casi duplicó su ventaja cuando Basualdo se abrió paso limpio, solo para ser derribado por Gomes, quien fue debidamente expulsado. Taffarel luego salvó de Maradona, pero nada estropeó las celebraciones de Argentina en el pitido final.

La estrella: Claudio Caniggia hizo su debut completo un año después de que Argentina ganara la Copa del Mundo de 1986 en México. Se esperaba mucho de él, pero no logró alcanzar las alturas en las ediciones de 1987 y 1989 de la Copa América. Después de comenzar en el banquillo en el primer partido de Italia 1990 de su equipo contra Camerún, no obstante, fue titular en todos sus partidos posteriores. Contra Brasil, mostró su brillantez al anticipar la carrera de Maradona y cambiar de lado para permitir que su compañero de equipo lo encontrara. A pesar de la presión, mostró una confianza inmensa para dar un toque extra y rodear a Taffarel, antes de meter el balón en la portería vacía.

Aunque nunca más recibió el tipo de adulación que siguió a ese gol, continuó con su gran forma en la semifinal contra Italia, cuando se convirtió en el primer jugador en marcar contra Walter Zenga en el torneo. Ese gol le valió a Argentina una tanda de penales, en la que pasaría a eliminar a los anfitriones. Desafortunadamente para Caniggia, se perdería la final por sanción.

También en la final triunfó, por último, la justicia, aun cuando tardara en concretarse hasta el minuto 84. Pues de la misma manera como reconozco los méritos de la selección argentina en la obtención del título en el Mundial de 1986, de la misma manera debo confesar que hubiera sido fatal para el fútbol en general si la escuadra argentina hubiese logrado alzarse nuevamente con el título. Los argentinos y Diego Maradona lograron convencer una sola vez y esto solo durante un medio tiempo, en la semifinal contra Italia. Esto condujo al 1 a 1 y al tiempo suplementario y, finalmente, al triunfo en los tiros penales. También yo hubiera preferido una final entre Italia y Alemania, ya que fueron las selecciones con los mejores partidos y un choque directo hubiera sido la culminación de este Mundial tan marcado por el entusiasmo exuberante y total de toda una enfervorizada nación.

(Franz Beckenbauer, entrenador de del seleccionado campeón de Alemania, en el reporte técnico oficial de la FIFA de la Copa del Mundo 1990)

APÉNDICE 3

EL ANÁLISIS TÁCTICO DEL PARTIDO

Por Cristian Aragón*

1. ESQUEMAS INICIALES

Carlos Salvador Bilardo apostó por esta formación para el encuentro contra Brasil por los octavos de final del Mundial de 1990:

Sergio Goycochea en el arco; Juan Simón como líbero, Pedro Monzón y Óscar Ruggeri como *stoppers*; Julio Olarticoechea y José Basualdo fueron los laterales volantes del sistema táctico diseñado por Bilardo en la década del ochenta (1-3-5-2); terminando de conformar la línea de cinco mediocampistas Ricardo Giusti, Jorge Burruchaga y Pedro Troglio, todos ellos con una libertad de movimiento y fluidez posicional tanto defensiva como ofensivamente.

---

* Analista táctico en LIBROFUTBOL.com.

La última línea la conformaban Diego Armando Maradona, referente del seleccionado argentino no solo como capitán, sino también como el hombre a buscar dentro del campo por su talento y magnetismo, más Claudio Caniggia, en un rol dinámico según por donde progresaban las jugadas y no atado a una posición específica y zona del campo por recorrer.

El entrenador brasileño Sebastiao Lazaroni replicó en parte el sistema del DT argentino, síntoma de la década que finalizaba, salvo por el posicionamiento inicial de Branco —el futbolista de la polémica— por derecha y Jorginho por izquierda, partiendo ellos como laterales más retrasados que sus pares rivales (Olarticoechea y Basualdo), pero con mayor peso ofensivo.

El 1-5-3-2 de Lazaroni se completaba con Claudio Taffarel en la portería; Mauro Galvao como líbero más Ricardo Gomes y Ricardo Rocha por delante conformaban la línea de cinco defensores; los mediocentros Dunga y Alemao eran los encargados de las tareas defensivas, pero contaban con la libertad de sumarse a las incursiones ofensivas junto a Valdo, posicionado metros más adelante y reclinado sobre la banda izquierda; la línea ofensiva final encontraba a Careca y Müller, siendo estos jugadores de características más posicionales que la dinámica y autonomía que tenían Maradona y Caniggia.

2. ORGANIZACIÓN OFENSIVA

Como particularidad del reglamento de la época (el arquero todavía podía tomar la pelota con sus manos ante pases de sus compañeros y, por lo tanto, no era tan importante la presión alta), las salidas por parte de Goycochea eran en largo buscando a Caniggia y el posterior avance del equipo para ganar la segunda pelota y crear juego desde allí.

Los reinicios luego de una falta o de jugar con el arquero sí eran en corto, buscando avanzar con base en las asociaciones. Esta vía de ataque no le dio resultados al seleccionado argentino.

La disposición en fase ofensiva estaba conformada por la línea de tres zagueros (Monzón, Simón y Ruggeri) más los descensos de los laterales volantes por las bandas (Basualdo y Olarticoechea) y un mediocampista para sacar el balón desde el fondo.

La fluidez y rotaciones que permitía el sistema en mitad de campo hacía que variara el encargado de descender para conectarse con la línea defensiva e iniciar los ataques, siendo estos —principalmente por características de juego— Troglio o Giusti.

El tercer mediocampista era Burruchaga, nexo necesario con los delanteros, ya que se ubicaba algunos metros más adelantado que sus pares y con mayor responsabilidad ofensiva.

El método de ataque directo fue el más utilizado por la selección argentina en este encuentro. En primer lugar, cuando no se lograba conectar con los compañeros cercanos, hecho frecuente por la falta de precisión y la presión rival en el mediocampo, si Maradona disponía de tiempo y espacio buscaba el juego en largo para los ataques de Caniggia a la espalda de los rivales.

Por otra parte, las incursiones en ataque de Argentina fueron aisladas no solo temporalmente (pocos tiros al arco), sino también por la poca cantidad de jugadores con las que finalizaba sus ataques. Los laterales volantes, tanto Basualdo como Olarticoechea, no tuvieron peso ofensivo.

Pero Caniggia, apoyado en su velocidad, lograba obtener ventajas sobre los defensores rivales, ya que estos partían mayormente en posiciones estáticas.

Esta búsqueda quedó representada en el gol anulado que convirtió el delantero argentino en el minuto 15 y en la genialidad de Maradona en el segundo tiempo. Tras recibir de espaldas en mitad de campo supera a Alemao, Dunga en el retroceso no logra derribarlo y atrae al defensor opuesto al avance de Caniggia, libera el espacio a su espalda que el delantero argentino logra detectar y el Pelusa asiste tras un desmarque de ruptura por parte del rubio delantero, que posteriormente deja tirado a Taffarel y convierte el gol del triunfo.

3. ORGANIZACIÓN DEFENSIVA

Uno de los principios del sistema de juego de Bilardo fue la marca al hombre. Si bien este principio no llegó a los límites como en el Mundial de México 1986, los jugadores tenían la misma responsabilidad y obligación de no perder sus marcas y se vio rápidamente reflejado en el primer contraataque brasileño.

Maradona pierde un balón antes del minuto de juego cerca del vértice del área rival en un avance ofensivo y Alemao, con campo de frente y libre de marca, conecta con Müller, quien con un sutil toque desmonta el principio mencionado, ya que tanto Ruggeri, su marca, como Monzón, emparejado con Careca, quedan superados debido a la rapidez de descarga del delantero.

Tras la asistencia de Müller, Careca enfrentó y superó en velocidad al líbero del seleccionado argentino, Simón. El rol del defensor argentino permitía concesiones defensivas, ya que era una capa más de protección en los ataques del rival cuando sus compañeros eran superados. El delantero no logró convertir tras un bloqueo por parte de Simón, recuperado luego del retroceso de Monzón.

El posicionamiento a nivel defensivo mostró a los jugadores ubicados en un bloque medio.

Los dos delanteros argentinos no ejercían una presión agresiva salvo que la situación lo demandara para un posible contraataque o por superioridad numérica.

La presión real del seleccionado comenzaba cuando el balón superaba la línea de mitad de campo. El rival que conducía era liberado, pero todas las posibles descargas contaban con la presencia y vigilancia de un jugador argentino en sus espaldas listo para presionar y robar cuando recibieran y aprovechar los espacios para el contraataque.

No solo en la fase ofensiva se advirtió la imprecisión de Argentina con el balón; pese a este tipo de marcaje, muchas veces los jugadores llegaban tarde a presionar y eran superados fácilmente.

El juego por banda de los rivales brasileños y las llegadas profundas para lanzar centros, ya fuera con los avances de Valdo —el jugador con más movilidad en la ofensiva— como las subidas de Branco y Jorginho, atraían a los mediocampistas argentinos al borde del área, liberando sus marcas y permitiendo disparos de media distancia (tres disparos en los maderos).

En el balón parado, y particularmente en los córneres defensivos, el seleccionado argentino mmantenía el marcaje al hombre, agregaba un jugador en el primer palo y otro libre dentro del área para generar superioridad numérica. En los tiros libres lateralizados el principio era el mismo, marcaje al hombre, más la incorporación del achique para dejar inhabilitada la jugada.

SOBRE EL AUTOR

Pablo Vignone. (Buenos Aires, 1963) Periodista y escritor, docente e historiador. En el oficio desde 1988, fue redactor jefe de la icónica revista El Gráfico y ejerció como jefe de la Sección Deportes de los diarios Página/12 y La Nación. Trabajó como editor en todos los Mundiales desde Italia 1990 a Rusia 2018. Publicó los libros Partidazo (2010), Así jugamos (2014) y -para LIBROFUTBOL.com- Palabra de Bielsa (2022) y El Libro Gráfico de los Mundiales (2022). Premio "Lobo de Mar" a la trayectoria periodística en 2016. Fue docente de la carrera de Ciencias de la Comunicación en la Universidad de Buenos Aires, dictó cursos en la Universidad de Palermo y enseñó periodismo deportivo en DeporTEA a lo largo de casi 25 años. Pasó por TyC Sports y Fox Sports, actualmente trabaja para ESPN.